JN127581

何がめでたい！日本人の老後

古希までに知っておきたい70の知恵

人生100歳時代。シニア世代よ、今からでも遅くない！

一般社団法人
百寿コンシェルジュ協会
理事長
山崎 宏
Yamazaki , Hiroshi

はじめに

人生100歳時代…。「きんは100歳、ぎんは100歳」のテレビCMで、双子姉妹の成田きんさんと蟹江ぎんさんが一躍、日本中の人気者となったのが1992年のことでした。

当時の日本人の平均寿命は、男性76歳、女性82歳。100歳以上の人は約4千人でした。そして、あれから四半世紀が過ぎた昨年（2018年）の春、新聞報道でぎんさんの娘さんもまた100歳になられたと知りました。

一昨年（2017年）の日本人の平均寿命は、男性が82歳、女性が87歳。いずれも史上最高齢です。しかも、100歳以上人口はなんと7万人。10万人超えは目前です。

これは一見めでたいことかもしれませんが、私たちは長生きする一方で、介護やら寝たきりやら認知症やら、長生きゆえのリスクを背負いこんだことは紛れもない事実です。

作家の林芙美子が『放浪記』を出した１９３０年。当時は男女とも平均寿命は50歳に届いていませんでした。現代を生きる私たちがもっとも恐れている認知症などなかった時代。

ある意味、だれもがＰＰＫ（ピンピンコロリ）だったと言っていいかもしれません。あの頃の日本では、親世代が還暦（60歳）ともなれば、子どもたちを集めて正座させて、家のこともおカネのこともきちんと長男もしくは第一子に引き継いで、親世代は隠居といって第一線を退き、余生を穏やかに過ごす…。そんな老後がごく普通のことでした。

いわゆる「争族」などというのは、犬神家の一族くらいのイレギュラーな問題だったのです。それほどまでに、「家」とか「家長」とかいう概念が確立されていたわけです。

でも、時代は変わりました。ＰＰＫならいざ知らず、ＤＮＫ（出口なき介護）のリスクをみんなが抱えているのです。認知症に陥った親が10年生きることもザラにあります。

そして、その親がもしも何らソナエをしておかなかったとしたら、子どもたちが被る不便と不利益は半端なものではありません。最悪でも、備えてからボケなきゃダメなのです。でないと老老地獄が待っている…。

現代を生きる私たちは、それくらいの危機感を持つ必要があるのです。「自分はＰＰＫだから問題ない」とか、「うちの子どもたちは仲がいいから心配ない」とか言っているシニアは、子どもたちのことを何も考えていないし、わかっていないと言わざるを得ません。

本書では、人生１００歳時代の最後の四半世紀（76歳～１００歳）までを自分らしく人生の主役であり続けるために、古希（70歳）までの間に「覚悟」すべきこと、「準備」すべきことについて、全部で70項目にまとめました。

ご好評をいただいた拙著『何がめでたい！日本人の老後』に続く〝中高年・辛口提言〟シリーズの第2弾と言えます。「辛口提言」と表現したのは、著者流の「警鐘」であり「激励」と受け止めていただければ幸いです。言い換えれば、シニアが納得のエンディングを迎えるために実践すべき70の知恵です。

そして、これを実践することこそが、「真の終活＝エンディングまでの段取り」なのです。葬儀の予約をしたり、墓じまいをしたり、老人ホームを探したり、任意後見人をつけたり…。終活というのは、そんな断片的なことではないのです。

さらに、70の知恵の後に「付録 医療」として20の「提言」を加えました。これは著者のライフワークとも言える「医療」に対する考えです。ご参考にしていただければ幸いです。

縁あって本書を手にしてくださったみなさまには、どうか真の終活を理解して実践してほしい。そして、目の黒いうちにムダな税金を払うことなく諸々のことを大切な人にバトンタッチした上で、第四の四半世紀をギフトだと思って、あなたらしく凛として謳歌してほしいと切に願っております。

２０１９年３月（平成の終わりの年）

山崎　宏

古希までに知っておきたい70の知恵《目次》

第2章　食　事

第3章 介護

第5章　家族関係

付録　医　療

第1章

大鉄則

★懲りない人々…。

あいかわらずダマされ続ける高齢者。

⇐

ダマすほうも悪いが

ダマされるほうも悪い

古希に近づいた今、あなたは詐欺師集団の格好のターゲットです。オレオレ詐欺、架空請求詐欺、融資保証金詐欺、還付金等詐欺…。いわゆる特殊詐欺。警察庁の発表によれば、平成29年度の被害件数は約2万件、被害総額は約400億円です。なんと、被害者の8割が65歳以上の高齢者です。

平成16年に警察庁が命名した「振り込め詐欺」ですが、周囲の注意喚起も功を奏さず、あいもかわらず高齢者がダマされまくっています。

いくら自分は大丈夫と思っていても、加齢に伴う脳みその退化と、社会との接点が減る喪失感につけこまれては、いざ電話がかかってきたり、玄関のピンポンがなったりしたときに、咄嗟に防ぐのはむずかしいかもしれません。

詐欺組織の手口は年々巧妙化しています。

まずは自分が、いとも簡単にダマされてしまう格好のターゲットだと自覚することです。みんなが年寄りの預金をねらっています。見知らぬ人からの電話は、用件を聞かずにとにかく切る。

なれなれしい笑顔ですり寄ってくる見知らぬ人を信じない。そういうことです。

★会話に応じたら簡単にダマされる高齢者。

⇓

もう電話に出るな！

特殊詐欺のなかでも、「架空請求」・「還付金」・「融資保証金」詐欺の高齢者被害があいもかわらず多いのですが、ここ数年で急増しているのが「義援金」・「キャッシュカードだまし取り」、そして「劇場型社会貢献詐欺」です。

複数の登場人物が役回りを分担して次々に電話をかけてくる「劇場型詐欺」は、独居高齢者がダマされる典型的な詐欺です。

被災地への義援金など社会貢献にもつながるような名目をうたい、「名義を貸してほしい」、「代わりに買ってほしい」といったアプローチが増えています。

他にも、介護付有料老人ホームの特別会員権の購入を勧誘する、風力発電システムの開発事業の社債購入を勧誘する等の被害が消費者庁に寄せられています。

手口や対象商品を変えながら全国に広がる劇場型社会貢献詐欺。

警察では、２０２０年東京オリンピック競技大会・東京パラリンピック競技大会開催のチケットに関連した詐欺の可能性を訴えています。最近では、宅配便等での現金送付を指示されるケースがほとんどです。そんな指示をされても決して応じてはいけません。というか、もう電話に出るのはやめましょう！

★見ず知らずの人からの
電話に応じ続ける高齢者。
⇐
こんなフレーズが出たら電話即切り！

以下、詐欺のよくある手口と常套フレーズです。

◎落とし物詐欺（オレオレ詐欺）⇒「会社のカバンを落としてしまった」

◎お迎え詐欺（オレオレ詐欺）⇒「家までタクシーを迎えに行かせます」

◎架空請求詐欺　⇒「料金の支払いが必要です」

◎義援金詐欺　⇒「災害の『義援金』をこの口座に振り込んでほしい」

◎還付金詐欺　⇒「医療費の払戻しがあり、期限は今日までとなっている」

◎仮想通貨詐欺　⇒「将来有望な仮想通貨を販売しています。今なら確実にもうかりますよ」

◎個人情報削除詐欺　⇒「あなたの個人情報が漏れている。今すぐ削除しないと大変なことになる」

◎キャッシュカード（クレジットカード）ダマし取り　⇒「あなたの口座（カード）が詐欺事件に悪用されている」・「あなたのクレジットカードが不正に使われた」

◎収納代行利用型詐欺　⇒「サイトの料金が未納になっている。今から言う「支払番号」を記録して、コンビニで支払いをするように」

◎電子ギフト券（プリペイドカード）詐欺　⇒「未払い代金は、ネット上で使えるプリペイドカードでお支払いくださ い」

◎現金送付型詐欺　⇒「レターパックで送って」・「宅急便で送って」

★老いる世間は鬼ばかりⅠ。

⇐

国や子どもを当てにしない

高齢者・乳幼児・シングルマザー・障害者・社会人予備軍・現役世代…。

国も政治家も、どれも大事にすると言っていますが、それはウソです。うなぎ上りの社会保障費の元凶は、誰がどう見ても高齢者です。そんなことを言ったら暗殺されるかもしれないので誰も言わないだけのことです。年金も減ります。

贈与税・相続税は増えます。

古希も近づく年齢となったら、自衛手段を講じるしかありません。

子どもがいる？　冗談じゃありません。子どもたちにしたら迷惑です。

そんなことにも気づかずにいると悲惨な結果が待っています。

年間700件ほどある殺人事件の面識率（顔見知りによる犯行）は、なんと9割。うち7割が親族間の殺し合いです。もっとも多いのが親子間。つぎが夫婦間です。

哀しいかな、もはや国にも子どもにも期待はできません。

外を独り歩きしてたらひったくられます。電話で話して独り暮らしであることが知られたらピンチです。みんな高齢者の懐をねらっています。

信用できる人以外との接触は断固避けるしか手はありません。

★老いる世間は鬼ばかりⅡ。

⇐

国や子どもを当てにしない

医療、福祉、終のすみか、相続、葬儀といった老後の問題は、誰しもが通る道。しかしながら、専門性が高そうで取っつきにくいし、そもそも、あまり積極的には考えたくないもの。だから、ついつい先送りしてしまい、いざその時になって、たまたま出会った専門家もどきにいいようにされてしまう。

こんなはずじゃなかったと、後悔するシニアをたくさん見てきました。齢を重ねるごとに、いろいろな不安や悩みごとが押し寄せてきます。

しかも困ったことに、役所や医療機関がやっていない夜間や休日に限って……。そんな時ついついわが子を頼りがちですが、子どもには子どもの生活があり忙しいもの。哀しいかな、もはや国にも子どもにも期待はできません。彼らにもゆとりがないのです。子に媚びず気を遣わず、だれに引け目も負い目もない。そんなクールな老後のあり方が、今の時代には求められているのです。

古希に近づいたら、親しい仲間との共同生活や、元気なうちからの施設入所を検討するのもひとつの選択肢だと思います。

★テレビ・新聞の情報を
鵜呑みにする高齢者が多い。
⇐
もうテレビは観ない！

永田町や霞が関でB層と呼ばれている人たちがいます。自分で学ぶことなく、メディアから垂れ流される報道を鵜呑みにして能天気に暮らしている愚かな大衆の意味です。国家を運営する側からすると実に容易に洗脳しやすい人たちです。

そんなB層の人たちは、「一億総活躍社会」とか「介護離職ゼロ」とかいった表層的な言葉遊びが大好きですから、容易に明るい未来をイメージして納得してくれます。

ちなみに、国家の舵取りをしている人たちはA層とのこと。A層はB層がいるから安泰でいられるのです。

要は、B層の犠牲の上に政治家や役人たちは幸せな日々を過ごしているわけです。

だから、B層の人たちには、いつまでもいつまでも、未来永劫、B層でいてほしいと願っています。これからは、テレビ・新聞の情報を鵜呑みにしないことです。

そこには、A層にとって都合のわるいことは出てこないようになっているからです。

読者のみなさんは、まさかB層じゃないでしょうねぇ？

もしも微妙だとしたら、まずは古希に近づいたらテレビを観るのはやめましょう。

それが古希からの人生を円滑に過ごすためのはじめの一歩です。

★歳を重ねるごとに人は嫌われる。

⇐

いま一度、生まれ変わる勇気を

人間というのは、生まれたばかりの赤ちゃんがいちばん可愛くて、歳をとるほどに嫌われるもの。これは紛れもない事実です。

割りきることです。天真爛漫で純真無垢だった赤ちゃんが、おとなに育つ過程で周囲の環境に次第に毒されていきます。歪んでいきます。

家族や親戚や友人や同僚。ケンカ、いじめ、裏切り。無神経、無遠慮、無責任。見栄に打算に嫉妬に憎悪。メディアから垂れ流される低俗で残忍で欺瞞に満ちた番組の数々。そんなネガティブの嵐に晒されて、誰からも愛された赤ちゃんが、ひねくれていじけて身勝手で気難しいおとなへと変貌するのです。

鏡の中の自分を見てください。どうですか？

さあ、天然果汁100％の笑顔で微笑んでみてください。リセットしましょう。美しい若葉のころに。リボーンしましょう。あどけなかったピュアな季節に。

何歳になろうと、人は気づいたときから変わることができるのです。

人生のファイナルステージを円滑で悔いのないものにするためにも、まずは人としての基盤を再確認しておきたいものです。

第2章 食事

★食は悪。

⇐

腹五分目を心がける

人間誰しも40歳くらいになると、目に見えて胃・腸・肝臓・腎臓などの臓器の機能が低下してきます。これは、生まれてからずっと働きづめできたわけですから仕方のないことです。ならば内臓の機能レベルに応じて、摂取する食べ物も減らしていかないといけない。

つまり、一定の年齢を越したら、一日三食のルールに固執してはいけないのです。朝をしっかり食べなきゃいけないとか、規則正しい時間に食事を取らなきゃいけないとか。こういうのは成長の盛りにある若い人たちの話です。

ある年齢を過ぎたら、おなかが減っていなければ（空腹感を覚えなければ）何も食べなくていいんです。そして空腹感を認識したら、体にグッドなものを少量だけ食べる。目安としては腹五分目。注意すべきことは、ゆっくり食べること。なぜならば、私たちの脳が満腹感を認識するのは、口から食べ物を摂って20分後だから。あまりせかせかと早く食べていると、このタイムラグのせいで、必要量以上に食べてしまうからです。発育途上にある若い人にとっては『食は善』。シニアにとっては『食は悪』（不適切な食事の摂り方が体に悪さをもたらすという意味）なのです。

★本当においしいのは初めの一口。

⇐

惰性で食べない

歳を重ねるごとに、夏場に感じる思い。それは、ビールが美味しいと感じられるのははじめの2~3口でしかない…ということです。

これは食べ物にも通じることだと思います。

例えば、いくら大好物だからといってとことん食べてしまうと、しばらくその食べ物を見たくもないですよねぇ。

「いゃあ、もう焼肉は一ヶ月は食べなくていい」とか。

これはつまり、それだけ大量に肉を食べてしまってのこと。これは最悪です。

真のご馳走は最初の一口です。

これを覚えていれば、食事をゆっくり味わいながら食べることができるはずです。

どんな食べ物も、本当の美味しさが最大限味わえるのは一口目。二口目からは、満足感が少しずつ薄れていきます。

最初の何口かを楽しんで、満腹になる前にお箸やフォークを置くように心がけましょう。食べれば食べるほどに摂取カロリーは高まります。

でも、美味しさはそれと反比例するものなのです。

★孤食はこころに悪い。

⇐

たまには誰かと食事に出かける

私どもの管理栄養士から、「コケコッコはよくない」という話を聞きました。
孤食…独りでさみしく食べること
欠食…一日なにも食べずに過ごすこと
固食…自分の好きな決まったものしか食べないこと
粉食…パンやピザ、パスタなど粉を使った主食ばかり食べること
濃食…加工食品など濃い味付けのものを食べること
シニアには、とくに孤食が続く可能性が高いと言われています。独りきりでの食事は、会話がないぶん、どうしても早食いになります。当然、好きなものばかりを大量に食べることにもなります。そして、なんといってもコミュニケーションが欠如して、徐々に社会との接点がなくなっていきます。孤独を感じたり、孤独によってつらいと感じたりする状態は、うつやボケを誘発します。週に一度でいいから、誰かと食事に出かけるようにしましょう。自分の方から積極的に声をかけてみてはどうでしょう。別に断られてもどうということはありません。人は誰しも、ひとりでは生きられないし、死ぬこともできないのですから。

★健康は食べる場所で決まる。

⇐

「食卓」以外で食べない

最近の会社では、昼休みに自分のデスクでパソコンをしながら食事をしている若者が多いそうです。仕事をしながら食べているわけです。これって、非常にまずいんですよねぇ。人間って、食卓では食べることを意識しながら食べるものなんです。でも、何かをしながら食べていると、考えなしに次から次へと食べ物に手が伸びてしまうという習性があるんです。テレビを観ながら食べてたら、スナック菓子なんてアッという間になくなっちゃう?

子どもをテレビの前に座らせて、いつもは手を出さないような野菜をお皿に乗せて置いておくんです。するとどうでしょう。テレビを観ながら、ついつい食べてしまうんですよねぇ。私たちが子どもの頃は、滅多に間食なんてさせてもらえませんでした。でも今は、お母さんも仕事で家にいないから、子どもはコンビニで好きな物を買ってきてどんどん間食しちゃう。加工食品メーカーの戦略に嵌ってしまうんですよねぇ。

昔のよき習慣は失われてしまいました。

せめて間食するなら野菜か果物にしたいところです。ということで、『食卓以外で食べない』&『間食は、ナッツかフルーツ・ベジタブル』。

★何気に間食が不健康をまねく。

⇐

なんとなく食べない

テレビを観ながら。ソファに寝っころがりながら。暇つぶしに。口が寂しいから。そこに食べ物があるから。なんとなく…。

こんなふうに、空腹感とは無関係についついモノを口に運んでしまうなんてこと、ありませんか？　この、惰性で食べてしまう習慣が未来を暗いものにするのです。

人間一定の年齢を越したら、内臓の状態が外見に表れてくるものです。体が求めてもいないのに食べ物を押し込んで胃腸に負担をかける。その結果、胃腸が疲弊して、それが表情に出てしまうのです。今日からは、たまたま腰を下ろした場所に食べ物があったとしても、となりで友人がパカパカと食べものを口に運んでいても、一拍おいて、クールに自問自答してみましょう。

「なぜ、私はいま、これを食べる必要があるのかしら？」

「あなた、本当に本当に、いま、お腹すいてるの？」

あなたの大切な胃袋の答えを、耳を澄まして聞きましょう。

それがいつまでも元気で楽しい未来への道標です。

『本当にお腹がすいたときだけ食べる』を心がけましょう。

★ジャンクフードが不幸をまねく。

⇐

ジャンクフードは食べない

厚生労働省「国民健康・栄養調査結果の概要」（２０１７年）によると、日本人の肥満の割合は男性30・7％、女性21・9％。年代別にみると、男性では40歳代と60歳代、女性は70歳以上で肥満者の割合がとくに高くなっています。

これほど多くの人を不健康な肥満体に貶めた犯人。それは、巨大な30兆円産業『加工食品業界』です。彼らがビジネスを最大化するために何をしているか。私たちは知っておかねばなりません。彼らは、考えうる限り最悪の食べ物を次々と私たちに食べさせようとして、あらゆる手を打ってきます。

大手食品企業や外食企業には、購入者心理や人口学に研究するズバ抜けて優秀な社員が何人かいます。この有能な化学者たちによって、健康的な量では絶対に満足しないようコントロールされてしまうのです。

ジャンクフードの食べ過ぎで、短期的には、過体重・肥満の他、情緒不安定、イライラ、活力不足、関節痛、視力聴力の低下、偏頭痛、胃の不快感、慢性疲労、落ち着きの欠如…。中長期的にはガンや心臓病を誘発することが検証されています。

Stop the Junk（ジャンクフードを撲滅せよ）！

★「売ってるやつら」は
決してそれを食べない。
⇐
コマーシャルを信じない

ジャンクフード文化のもっとも恥ずべき点は、もっとも熱心な販売者本人が、プライベートでは、自身も含めて、愛する家族には自社商品を極力避けさせているということです。

かつて、日本最大のファストフードチェーンの社長が言いました。

「セブンイレブンのおにぎりに勝つために、物心がつくかつかないかの年頃の子どもたちの食生活にハンバーガー文化を浸透させなければならない。が、わが家系の孫たちにはあまり食べて欲しくはない」

世界最大のフライドチキンチェーンの日本法人の役員はこう言いました。

「今日、フォーカスグループで新商品の試食会をやったんだけどね、みんな、どうやってここまで来たのかと思うほど大儀そうに、肥えた身体でモサモサと会場に現れるんですよ。

でもあの人たちの体重が、あと5kgずつ増えることで今期のノルマが達成できるのかな。そしたらご褒美のハワイ旅行だな…なぁんて考えてしまうんだよねぇ…」。

つまり、もっとも熱心に売っている本人は、決して自社製品を食べない！

★人は胃から衰える。

⇐

胃を酷使しない

「い」の一番ならぬ、胃がいちばん！

一生涯に食事をとる回数は、だいたい8万8千回です。胃はそのたびに、私たちが食べたものを懸命に消化してくれているのです。必要以上に食べ過ぎることは、胃に大きな負担がかかり、その機能を損ないかねません。

胃が傷むと連鎖的に腸にも負荷がかかり、結果的に肌にまでしわ寄せがいき、文字通り、容姿の衰えが目立つようになります。逆に、胃を酷使しないように気遣ってあげれば、若々しいルックスを維持できるということです。もしも私たちがストレスを抱えたりしてしまうと、自律神経の働きがにぶり、胃の収縮のリズムが崩れます。結果的に、食べたものを消化する時間が大幅に延びてしまいます。

十分に消化できていない状態で、また次の食事が胃のなかに入ってきたらどうなるでしょうか。胃の困った顔が目に浮かびますよね。だから、必ずしも、毎日3食を同じ時間に摂ることが得策ではないということになります。

むしろ、お腹がグ～グ～鳴り始めてから、さらにしばらく時間をあけて食事に臨むくらいのほうが、私たちの胃にとっては望ましいのです。

★早食いは過食のもと。

⇓

飲み込むまでは箸を置く

唐突ですが、イタリア人とフランス人。ともに、肉も炭水化物も大好きで、おまけに昼間からワインをがぶ飲みしているイメージ、ありませんか？

ですが、中高年の体型を比べてみると大違いです。イタリア人は肥満体が非常に多い。かたやフランス人はスマートで颯爽とした感じの人が目につきます。

同じような食文化にもかかわらず、です。なぜだかわかりますか？

答えは、食事の作法にあります。

フランス人は食事にたっぷりと時間をかけますが、食物をひとくち口に運んだら、ナイフとフォークを手からしてテーブルに置く。

このマナーが子どものころからしつけられているのです。これによって、結果的にゆっくりと食べるクセが自然と身についているわけです。

おしゃれですよねぇ〜。早食いは肥満のもと。肥満は万病のもとです。

私たちもフランス人を見習って、ひとくち食べたらよく噛んで、飲み込むまでのあいだはお箸を置く。そんな習慣を心がけてみてはどうでしょうか。

噛んでる間はお箸をおく。これが大切です。

★がん細胞はミネラルが大きらい。

⇐

ミネラルをたっぷり摂る

がん細胞はミネラルがきらいです。ですから、がん対策の食事にはミネラルをたっぷり摂ることです。ミネラルが多く含まれる食品はこう覚えましょう。

「玄さん！ 孫は（わ）やさしいよ」。

玄米、納豆・大豆・アーモンド・カシューナッツ等のマメ類、ごま、ワカメ・ひじき・焼きのり等の海藻、ほうれん草・大根等の野菜、桜えびやいわし等の魚、イモ、ヨーグルト。がんの最大の原因は生活習慣ですが、とくに食事は重要です。逆に、がん細胞が大好きなのが、ジャンクフードにぎっしりと混入された化学物質の数々です。果物や野菜等の天然の食物を2つ3つ食べると、私たちの舌にある味蕾《みらい》という部分が感じる喜びは徐々に薄れ、異なる種類の食べ物を欲しがるようになっています。

でも、フライドポテト、コーラ、ポテトチップス等の多くの加工食品をひとくち食べた途端に、次から次へと口に運ばずにはいられなくなるような感覚を経験したこと、ありませんか？

これは、化学調味料によって、「ひとつだけでは満足できない」ように仕掛けがなされているためなのです。

★暴飲暴食は何より悪い。

⇐

腹五分目を意識する

腹五分目までストップしてください。

絶対に、満タンにはしないことです。料理が盛られた量が多ければ多いだけ、人間は余分に食べてしまうものです。

加工食品メーカーがビッグサイズを出すのは、そのことをよぉくわかっているからです。で、ついつい私たちはカゴに入れてしまうんですね。

家庭でそんなことをしてはいけません。

直径20センチのお皿を15センチのお皿に変えてみてください。それだけで食物摂取量は20％減るはずです。

それから、せっかくお皿を小さくしても、おかわりをしてしまったら意味はありませんよ。どうしてもおかわりしたいときは、ちょっとだけ時間を置いてみましょう。するど、「やっぱりもう要らないやとなったり、「ほんのちょっとでいいな」となったりするものです。

『ちっちゃなお皿でおかわりNO！』。

満腹を待たずに「ごちそうさま」をすることです。

★加工食品は悪!?

⇐ むずかしい名前の原材料を含むものを食べない

スーパーやコンビニに、毎年どれくらいの新商品が並ぶと思いますか?

な・な・なぁんと、2万アイテムです。そのほとんどは、加工食品メーカーのエリート化科学者たちが調合した加工度の高い「食品もどき」。

本当の意味で、『食べ物』とは呼べないものばかりです。まずまちがいなく、トウモロコシや大豆由来の、人体には馴染みの薄い食品添加物が盛り込まれています。

こうした複雑怪奇な食品は、私たちに本来備わっている糖分・塩分・脂肪分などに対する嗜好を巧みに刺激して、「もっと食べたい」と思わせるように加工されています。

スナック菓子を食べ始めるとやめられなくなっちゃう…。そんな経験、誰にでもあると思います。あれもぜぇんぶ、原材料に含まれる化学物質のなせる業です。

商品パッケージを見て、ふつうの家の食卓にはないような難しい成分が記載されていたなら、それが「食品もどき」の証拠。

まずは、購入する前にパッケージの原材料表示をチェックする習慣をつけるようにしてください。

★無理な減量は健康に悪い。

⇐

深刻なダイエットをしない

急激なダイエットはやめましょう。

具体的には、

「食事を摂らない」・「ダイエットサプリメントに依存する」・「吐き続ける等、短期間で急激に体重を落とす」・「一つの食べ物だけをひたすら摂る」等でしょうか。

女性の場合、女性ホルモンを肝臓で調節しているため、こうした無理を重ねることで、生理不順や女性器系の病気になりやすくなってしまうのです。

さらに、急激なダイエットは、肝臓に悪さをすることがわかりつつあります。

栄養不足やリバウンドを繰り返すうちに全身の脂肪が肝臓に集まってきてしまい、脂肪肝になってしまうというものです。

脂肪肝は肝臓がんの危険因子です。

これを回避するには、ダイエット中でも野菜を多く摂りバランスの良い食生活を心がけることです。

★低脂肪・無脂肪食品は真っ赤なウソ…

⇐

加工食品の購入を最小限にとどめる

食品産業界では、私たち消費者が自らの健康管理に役立つ情報を得るたびに、自社の不利にならぬよう情報を操作してきました。

90年代以降、私たちはカロリーの過剰摂取が肥満を引き起こすと教えられ、肥満の主原因が食事に含まれる脂肪の量であることに気づきはじめました。

すると、食品会社はすぐさま低脂肪や無脂肪の商品を発売し、「これでもう体重を増やさずに好きなだけ食べられる」と宣伝したのです。

しかし、これら低脂肪あるいは無脂肪の商品には、逆に砂糖と炭水化物が極端に多いという情報が与えられることはありませんでした。

そして、砂糖や炭水化物は、体内で消化されると脂肪に変わること。

さらに長い目で見れば、以前の太る商品よりも身体に悪い、中毒性のある化学調味料がふんだんに加えられていることも隠されたまま、低脂肪・無脂肪の新商品がところ狭しと店頭に並べられていたのです。

その結果、過体重や肥満の人が着実に増えていったのです。

★白パン・白ごはんは悪。
⇓
なるべく玄米にする

加工精製された真っ白な食パンとごはんは、体に悪いからやめましょう。

昔のように穀物を石臼で精製していた時代は、胚芽や繊維が残るため、真っ白な小麦粉も稲もできませんでした。

でもそれがよかったんですよね。

だって、胚芽や食物繊維の中にこそ、食物繊維、ビタミンB、善玉脂質など、私たちの体にいいものがたくさん詰まっているのですから。

今の時代、これらはすべて穀物粉砕機で抹消されてしまいます。

その結果、真っ白になった小麦粉（精白小麦粉）や稲は、ただのブドウ糖のかたまりに。

要は、砂糖と何ら変わりない食べ物になってしまうのです。

そして、大量のブドウ糖は炎症を招き、体内のインスリン代謝を狂わせます。

精白小麦粉や精白米ではなく全粒粉のものを選びましょう。

全粒粉を多く摂る人は、健康で長寿であるという研究結果が発表されています。

第3章 介護

★要介護認定のヒヤリングでは

認知症の扱いが低い。

⇐

いかに困っているかを伝える

高齢者のなかにはプライドが高く、困っていることや不自由していることを他人に知られるのが恥だと考える人が大勢います。調査員に家族が困りごとなどを伝えることと自体を拒否したり、調査当日に家族と違うことを話し始めたりして調査が混乱することも珍しくありません。要介護者まかせにしたために、実際の介護状況よりも軽度に評価されてしまうケースはとても多いのです。それでは、適切なサービスを適切な分量、利用することができなくなってしまいます。

特にメモをフル活用し、調査当日に調査員に手渡しましょう。その際には、極力、具体的に伝えることが重要です。

「足の力が弱くなったので、洋式トイレでも手すりがないと立ち上がれない」「関節痛で膝が痛くて曲がりにくいので、和式トイレが使えない」「大腿骨を骨折して人工骨を入れる手術をしたため、股関節が開きにくい」など、できるだけ状況を具体的に伝えるようにしましょう。また、主治医にも家族がいかに困っているかを話しておくことです。定量的数値のみならず、定性的なコメントを書き添えてもらうことはきわめて大切です。

★流れで介護事業者と契約するのは危険。

⇐

複数の事業者を

比較検討してから契約する

要介護認定を申請すると、区市町村または委託を受けたケアマネジャー（介護支援専門員）が聞き取り調査にやってきます。

それから約1ヶ月後に要介護度決定の通知書が届きます。ここから実際にサービスを提供してくれる事業者を比較検討することになります。

気をつけたいのは、自治体から委託を受けてやってきたケアマネの会社と、流れ作業的に契約をしないことです。

当座は家族が自宅で介護しながら訪問サービスを利用するのだとしても、いずれは施設を考えざるを得なくなるのが普通です。

となると、最初から、グループ内に施設を擁している事業者と契約したほうが後々スムーズだと思います。

特に、経営母体が地域で評判のいい病医院であれば、トータル的にリスクが低い……というのが著者の持論です。

★役所は利用者負担軽減策を
声高には知らせない。
⇐
即、限度額認定を申請する

私どもにも、医療費や介護費の自己負担については多くの問い合わせやＳＯＳが寄せられます。で、どうしても知っておいていただきたいことをふたつ書きますね。

まず、「住民税課税所得（公的年金含む）が１４５万円未満」の場合、医療を受けた際の自己負担は1割で済むということ。それ以上の所得があると見なされた場合は、現役並み所得者として3割の自己負担となります。

もうひとつは、「後期高齢者限度額認定制度」といって、給与所得ゼロかつ公的年金受給額80万円以下なら、医療費については外来なら月額８０００円、入院なら月額１５０００円を超過した部分は返還される（介護費は、月額１５０００円超過分は返還）というものです。

感覚的に、8割の高齢者は「医療費の窓口自己負担1割」をご存知ですが、逆に「限度額認定」については8割の人は知らない。これを知っておくだけで、毎月の医療および介護に係る費用は大きく減るはずです。

医療保険課と介護保険課に出向く労を惜しまなければ、すぐに限度額認定証を発行してもらえるはずです。

★家族介護には限界がある。

⇐

要排泄介助、問題行動を伴う

認知症は即、施設

相談を受けるなかでいちばん悲惨だと感じるのは、問題行動を伴う認知症で、かつ、自力で排泄ができない場合です。これは、誤解を恐れずに言えば、地獄絵です。

ご家族がケアするのは絶対にやめたほうがいい。まちがいなくご家族がおかしくなります。極端な話、認知症患者とふたりきりの時間を長く持ったご家族は、その後、認知症を発症するケースが多い。

私としては経験的にそう思っています。わたしは、ただでさえ、排泄に介助が必要になったら自宅での介護はやめなさいとお伝えしています。

排泄というのは、食事やお風呂の介助とちがって、なかなか時間のコントロールがしづらいのです。さらに昼夜逆転みたいになると、ご家族はおちおち眠ってもいられません。いつまた起こされるのだろうと考え始めてしまって、どうしても睡眠不足から精神不安定な状態に陥ってしまうのです。だから、ひとりでトイレができなくなったら、お気の毒ではあるけれども、お互いのために距離を置くことをお勧めするわけです。要は、施設や病院に預けるべきですよと…。排泄がダメなうえに、いろいろな問題行動が出てきたりしたら、これはもう対応不可能です。

★親戚や近所は口は出すがお金は出さない。

⇐

周囲の目を気にしない

私事で恐縮ですが、父は問題行動を伴う認知症でした。母の望みを聞き入れて、2年半もの間、いわゆる老老介護状態が続きました。救いがあったとすれば、食事のみならず、排泄まで自力でできていたことです。

なるべくならさいごまで家で介護をしてあげたいという母の希望に目をつぶっていたのですが、度重なる徘徊と暴力に、ついに母からギブアップのSOSが入りました。

「お父さんが憎い。そんなふうに思う自分が憎い。もう死にたい」

決断を下さなければならない時が訪れたのです。母を救うか、共倒れさせるか。考えに考えて、最終的には、いつまでも果てしなく続く介護に疲弊した母の言葉が私の背中を押しました。そして、当時、私が勤務していた宮崎の病院が運営するシニアマンションに父を入れることにしたのです。

でも、母は納得しても、親戚やご近所からの反対と叱責は強烈なものがありました。「両親を離れ離れに引き離すとは何と親不孝な」などと罵《ののし》られたりもしました。しかし、具体的なことは何もしてくれない人に限って、あれやこれやと好き勝手を言うものです。最後は母と私の問題なのだと割り切りました。それでいいと思います。

★介護休暇を取得すると居場所がなくなる。

⇐

介護離職はしない

厚労省は介護休業の取得を奨励し、企業も施策を整備しています。しかし、現実には、休みを取得しても残念な結果になることが多いです。

相談者にも、介護休業は取得しない方が良いとアドバイスしています。理由は、企業側の「本音」と「建前」が違うからです。

現実問題として、多くの方が最初のうちは変則勤務や有給休暇で介護に対応していますしかし、そのうちにだんだん立ちゆかなくなり、介護休業を取らざるを得なくなるというケースが多いのです。

そして、複数回の介護休業や介護休暇を取得していく結果、現在のポストを失ったり、職場を離れざるを得なくなったりという実態が目立ちます。

40~50代は、企業にとって重要な世代である一方で、人件費が高く、業績が悪くなったりすれば、真っ先にリストラ対象になりやすい世代です。

現役世代の読者のみなさんは、「会社を辞めていいことは何ひとつない」と心に刻んでほしい。どうか介護のために会社を辞めないでください。

★認知症は治らないが異常行動はなくせる。

⇐

河野メソッド実践医に出向く

認知症を疑ったら、最初に出向くべきは「コウノメソッド」の実践医だと思います。

私どもの相談者にも、お住まいの地域の実践医をご紹介しています。

名古屋にあるフォレストクリニックの院長が河野和彦先生です。30年以上も認知症患者を診てくるなかで見出だしたのが「コウノメソッド」で、現在では全国にこれを実践する医者がいます。

私がこの方法を推すのは、とにかく同居家族を認知症の問題行動から救ってあげようというコンセプトに賛同するからです。

認知症といえば、これまでは猫も杓子もアリセプト（薬）一辺倒でした。

しかし、「コウノメソッド」では、患者の日常行動を観察した上で、くすりの種類と分量を調節することで、興奮と抑制のバランスを取っていきます。

認知症に対して、とてもやさしくて、とてもきめこまやかなアプローチなのです。

暴力や徘徊といった問題行動がなくなり穏やかになったという成果がすでに多く寄せられています。

★認知症は最初が肝心。

⇓

異変を感じたら即、保護入院

少しでも親が変だと思ったら、ちゅうちょせずSOSを発信してください。それがお互いのためです。認知症の問題は、いまや誰しもが通る可能性を持っています。まちがっても、自分には関係ないなどと高を括らないことです。

私どもに相談をしてくださるのは大変うれしいかぎりですが、こと認知症の相談については、みなさん、初動が遅いのです。

とにかく、初動が遅いんです！

もしも、親がちょっとでも変だと思ったら、迷わず気軽に社会福祉士にコンタクトしてみてください。これはもう、本当に迷わずに、お願いします。

そのはじめの一歩が、あなたの視界を遮っている暗雲に、ひとすじの光を投げかけてくれることだってあるのです。

私自身も、NPO二十四の瞳のスタッフも、そんなひとすじの光になりたいと思いながら仕事をしています。

みなさんのお役に立てるとしたら、こんなにうれしいことはありません。

★入院できるかどうかのカギはMSW。

⇐

MSWの感情に訴求して味方にする

病院には医療相談室というのがあります。そこにいるのがメディカル・ソーシャルワーカーという相談員です。ＭＳＷと呼ばれています。

入院病棟では、定期的に入退院判定会議というのをやっています。限りあるベッド数です。だれを退院させて、だれを入院させるのかを関係専門職で協議して決定するための会議です。その入退院判定会議の場で、あなたの親御さんを入院させるべきだとプッシュしてくれる存在、それが他ならぬＭＳＷです。

毎週一回の頻度で開催されるこの会議に出席するのは、入院病棟の医師のほか、看護師長、看護課長、管理栄養士にＯＴ・ＰＴ・ＳＴ（いずれもリハビリ系の専門職）、ケアマネジャー、介護系のフロアリーダー。場合によっては事務長。そしてＭＳＷです。

医師をはじめとする専門職というのは、検査データ等、科学的根拠に基づいて意見を言うわけです。これに対して、唯一、あなたと接点を持ち、あなたの置かれた苦境に感情移入して、唯一、情緒的な側面から意見を言ってくれる人。それがＭＳＷなのです。だからこそ、老親や配偶者を本気で入院させようと思うなら、絶対にＭＳＷを味方にしなければなりません。

★認知症病棟には3ヶ月しか居られない。

⇐

MSWから老健を紹介してもらう

通常、認知症病棟への入院は、2カ月から3カ月となっています。これはどうにもなりません。目指すのは、MSWから「老健」を紹介してもらうことです。

老健は、経済的負担も軽く、然るべき見守り体制も整っている理想の場所です。入院から概ね1カ月が経過すると、家族に本人の院内での様子をフィードバックするための面談がセットされます。実際は、施設探しの進捗をチェックされると思ってください。ここで、あなたは、仕事の合間を縫って必死に探しているものの、なかなか条件に合うところがなくて困っている。特に、こんなに費用が嵩むものだとは思っていなかったのでビックリしている……的なムードを醸し出すようにしてください。

「是非、老健を紹介してもらえませんか。急に施設探しとかやることになって、いろいろわからなくて手間取ったりしましたけど、あと3カ月あれば何とかなると思うんです。あと少しだけ、猶予期間をいただけると、本当に助かります。何とかお願いします」心配無用。空き、あります。大丈夫です。相談員が「確認してみましょう」と言っておいて「ダメでした」となることは、99%ありません。

大船に乗ったつもりで、相手の返事を待っていれば大丈夫です。

★使える専門家と

使えない「ニセモンカ」がいる。

⇐

独立型社会福祉士を確保する

介護か老後の問題全般をサポートできるプロとは、具体的にはだれでしょう？ お奨めは社会福祉士です。お役所は縦割りで融通が利きません。

お年寄りがいろいろな窓口をまわって何度も事情を話すのは大変なストレスになります。かと言って、介護事業所のケアマネジャーは要介護2以上の契約者限定。

地域包括支援センターは要介護1までの軽度の人に対応する相談窓口ですが、実際に出向いてみると人手不足で柔軟な対応はむずかしい状況です。

社会福祉協議会が公民館等で週末に行っている福祉相談会は、残念ながら、ほとんど機能していません。その点、社会福祉士は人を選びませんし、そもそも、誰からの相談にも対応することを本分とする唯一無二の国家資格です。

タウンページで、お住まいの地域の社会福祉士を探してみてください。

老いる世間は鬼ばかり。あとの祭りとならぬよう、50歳になったら高齢者援助の国家資格「社会福祉士」を確保することをお奨めします。いつでもなんでも気軽に相談できる社会福祉士は、転ばぬ先の折れない杖。高齢者援助の専門技術を駆使して老後の問題をすべて解決できるだけのポテンシャルを持っています。

第4章

終のすみか

★施設は当然、自分の家より
居心地がわるい。
⇐
施設に過大な期待はしない

基本的に「施設」に期待しないことです。自宅以上に快適に過ごせる場所はないということです。

でも、いろいろな事情があり、施設を探さなければならない…。

そんな場合は、満点の物件を見つけることに固執していると、いつまで経っても問題は解決しません。

大人気の特養は確かに安いけれど、その経営体質ゆえに不祥事が多いです。

介護付き有料老人ホームは金銭トラブルがいっこうになくなりません。

サービス付高齢者向け住宅は、はっきり言って、サービスなど付いているとは思えません。どこも慢性的な人手不足ですから、ときに人格に多少疑問のある人でも採用せざるを得ません。

つまり、完璧を求めてもむなしいだけ。

及第点でいいと割り切る覚悟が必要です。

せめて、最低限ゆずれない要望事項だけは叶えてくれるような物件を探す…。

そういうことです。

★好きで介護の仕事をしている人は
半分もいない。
⇐
施設職員に過度な期待をしない

介護職のみなさんとお話しする機会がよくあります。彼らはよく、「とにかく仕事がキツい」と言います。「仕事がキツい」というのは、重労働で身体的につらいということではありません。腰痛で悩むよりももっと大きいのは、精神的につらいということなのです。

そして、それはなぜかと言えば、4K職場と言われる由縁の「くさい・きたない・きけん・給料やすい」。そして、それ以上に多い声が、「尊敬できる上司や先輩が見当たらない」でした。

あくまでも、なぜあんなにも多くの介護職が「仕事がキツい」と訴えるのか、そのおおもとの理由を考えてもらったらこんな結果になりました、というだけの話です。

しかし、考えてみれば、口にこそ出しませんが、日本人1億3千万人の誰しもが容易に想像できることだと思います。

となると、潜在的にではあるけれど、「くさくて、きたなくて、きけんで、給料もやすい」職場で、「本当は積極的にはやりたくないなぁ」と思っている人たちに対して、過度な期待をすることはちょっと無理があるかな…と考えざるを得ないのです。

★入居相談員はとにかく入居者を確保したい。

⇐

入居相談員の話を信じない

「こんなはずじゃなかった」「事前に聞いたのとちがうじゃないか。そんな話は聞いてない」。こうした後の祭りというのは、表層的な美辞麗句を鵜呑みにしてしまった結果であることが多いです。

入居説明会や施設見学会といったイベント時は、本社から営業職（名刺上の肩書きは「入居相談員」等）の人が現地にやってきて応対する場合が多いのですが、彼らの仕事は、一人でも多くの入居者を確保すること。要はセールスです。

ですから、見学者から訊かれない限り、彼らの方から不利益になるようなことは言わないのが当然です。決して悪意をもってダマそうとわけではないでしょう。

しかし、セールス職の性として、本能的に体裁を整えるような話しぶりになることが多いのです。従って、彼らが話す内容はパンフレットレベルの美辞麗句だったり、差し障りのない表層的かつ抽象的な話だったりすることが多いわけです。

現地へ行ったら必ず、いつもそこに常駐している施設長や介護の責任者と直接顔を合わせて話を聞くようにしてください。

★入居者確保のために施設側はだれでも歓迎。

⇐

重度の要介護者と健常者が

同じ場所で暮らすのはムリ

「サービス付き高齢者向け住宅」というシニアマンションが増えてきました。「サ高住」というアレです。毎日4千人もの人が亡くなる時代です。そのうち9割の人が病院や施設で最期を迎えるとなると、医療費と介護費が嵩んでしかたがない。

その果ての苦肉の策として打ち出された制度。それがサ高住なのです。

2025年までに、安価な死に場所を全国に60万人分整備しようとしています。国は建ててくれた人に、補助金や税制優遇といったかなりうま味のあるニンジンを与えています。だから、建てたい人たちが群がってきて雨後の筍状態です。もともと終のすみかの代表だった介護付き有料老人ホームもあいまって入居者の争奪戦が始まるわけです。なので、どこの物件も顧客を選ばない。「自立から要介護5まですべて受け入れ可能」となります。でも、気をつけましょう。

日常的に介護を要する人と健常者が同じ場所で暮らすのはムリです。同じ空間で食事をするなどありえません。元気な人がストレスを抱えるようになります。

なので、身の回りのことが自分でできている間は、そこの入居者の中に友だちになれそうな人がどれくらい暮らしているのか。そこを見学時に見極める必要があります。

★見学会で施設側の話を
聴いているだけではダメ。
⇐
絶対に譲れない要望について言質を取る

施設を見学するにまえに、頭の中で、朝起きてから夜寝るまでの、標準的な1日の過ごし方を描いてみましょう。それが見学物件に入居した場合どう変わるのか、変わらないのか。職員のサポートを得ることで日々の暮らしがより円滑になるのか、対応してもらえないことで逆に不便になるのか。こういうシミュレーションをしながら見学しないと時間のムダだということです。

具体的には3つのチェックポイント「日常生活」・「緊急時」・「老い支度」に分けて、そこで暮らすために絶対に譲れない要望事項を洗い出します。

例えば、日常生活のことであれば、食事、入浴、介護、健康管理、娯楽、外出、来客、美容理容、喫煙、ペットの持ち込みといったところでしょうか。

特に食事については、決められた時間に決められた場所で食べなければならないというルールに抵抗を示す人が多いようです。その時の気分で部屋食（居室に配膳してもらって食べる）や出前、さらには外食の要望は可能なのかどうか。

これらについて、現地見学したときに言質を取るのです。そのやりとりを録音しておくぐらいの意識が必要です。

★夜間緊急時の医療サポートが
いいかげんな施設が多い。

⇐

緊急時の連絡体制&手順を書面で確認する

仮に今現在は通院していなくとも、加齢とともに気になってくるのが万一の場合の医療サポートです。施設との間でトラブルになることが多いので要注意です。

ほぼすべての施設が、「夜間に何かがあっても、医療機関と連携しているので安心」と言ってきます。しかし、その内実は「ピンキリ」です。

入居者の非常事態を発見した時の具体的な対応の流れを詳細に聞き出す必要があります。資料化してもらうことをお勧めします。休日夜間の緊急時対応は特に危険です。

夜間や休日というのは、そもそも職員が手薄になる時間帯でもあるし、シフトに入る職員の質的不安もあります。また、連携先の医療機関に入院設備がないと、最悪、救急車でたらい回しなんてことにもなりかねない。

家族が駆けつけられない場合には、職員が救急車に同乗していってくれるのか？　そもそも第一発見者になり得る職員は、１１９番や医療者に対してキッチリと状況を説明出きるだけのスキルを持ち合わせているのか？

現場で質問してみると、納得のいく答えがなかなか得られないものです。念のため、施設内で死亡確認された場合の流れも確認しておきたいところです。

★入居したら最後、何もしてくれない施設が多い。
⇐
老い支度のサポートについては
言質を取る

これからの終のすみかの主流は「サ高住」になると思います。そこで覚えておいていただきたいキーワードが「生活支援サービス費」です。

これは、入居者の暮らしに便宜を図ることの対価として、家賃・管理費や食費とは別に徴収されるサービス料のことです。納得いくまで見極めなければならないのがその具体的な中身です。

大体、この３つのことを言ってきます。「あなたらしいライフスタイルの尊重」・「万全の医療サポート」・「最後の最期まで安心」。注意したいのは、本当にそのための生活支援サービスになっているかどうかです。実態は、「サービス付き」ならぬ「サービス抜き」である場合が圧倒的に多いから要注意です。なんにも支援してくれないのにやたら高い。毎月３万から５万。高いところは10万円です。そんなに取るのであれば、もっともっと入居者をエンターテインしてくれないと。

月額５万円なら年間60万円。10年で６００万円。20年生きたら１２００万円ですよ！

これだけ払うのに、抽象的で総花的なセールストークに安易に納得して契約してしまうというのは、ちょっと理解に苦しみます。

★老人ホームは相変わらず
入居金のトラブルが多い。
⇐
あらゆるケースの返還金計算方法を
納得できるまで説明してもらい、
かつ、書面でもらう

老人ホームのトラブルでもっとも多いのが、入居一時金の返還の問題です。この業界では、昔から、入居一時金の返還についてのトラブルがなくなりません。国民生活センターや自治体の消費者生活センターにも、苦情や相談が数多く寄せられています。10年ほど前に、法律が改正され、「入居一時金は、家賃やサービス対価の前払いとしてのものに限定し、権利金や礼金などとしてのものは認めないこと」となりました。入居一時金の算出根拠を明示することも求められています。また90日以内の退去者には生存・死亡に関わらず全額返還することが義務づけられました。

しかしながら、元凶である初期償却については、現時点でも法律では禁止されておらず、管轄する各都道府県がガイドラインを発行するにとどまっています。

利用者側からすると、入居一時金は早死にすると損、長生きすると得なのです。ある種の博打的要素が含まれるわけです。

入所して短期間で亡くなったり退所したりする場合の返還ルールについて、かなり踏み込んで、具体的なケースを想定しながら相手の言質を取る必要があることがおわかりいただけると思います。

★特養は不祥事が多い。

⇐

お金がないひと以外は

特養に入らない

その安さゆえに、多くの人たちが「終のすみか」候補の筆頭に挙げることの多い特養。どこも満床で、待機者数は52万人、推定待機期間は3年超とも、5年とも言われています。しかし、私の認識では特養はお薦めできません。

理由は、とにかく事件や不祥事が尽きない、その経営体質にあります。もちろん、きちんとした品質を維持している特養もあるでしょう。

しかし、やはりメディアで報道されるニュースはもとより、私どもに寄せられるクレームや内部告発の類が群を抜いているのです。

特養に医師は居ません。看護師も日中の時間帯のみで、夜勤はまず居ません。そして、夜間はフロアに介護職員がひとりだけ…ということもよくあります。

慢性的に人手不足です。そして、何よりも危惧するのが、内部統制やリスク管理に対する経営上層部の希薄な問題意識です。

特養を運営する社会福祉法人というのは、その経営実態が外部から見えません。そのせいでしょうか、特に人事の面で、どこか杜撰な印象があるのです。

これは私だけの認識でしょうか。

★地域で評判の医者が経営する「サ高住」はリスクが低い。

⇐

地域の医療法人が経営する物件を探す

この章のまとめの意味で、私の持論を紹介します。標準的な入居者を「国民年金のみを拠り所に暮らしていて、預貯金が1000万円程度。別に子ども世帯から年間100万円程度の援助が得られる高齢者」と想定します。

もしも予算的にこれを下回る場合は、公的施設（療養型病床、老人保健施設、特別養護老人ホーム）しかありません。このなかでは、断然、「老健」がお薦めです。

理由は、特養とほぼ同等の安さに加え、医療と看護の体制が充実しているからです。なお、「老健には3ヶ月までしか居られない」という誤解が蔓延していますが、そんなことはありませんのでご安心ください。介護問題で悩める人に明確にお伝えしておきます。老健はさいごの生活場所になりうる…ということを。

さて、すでに介護サービスを利用しているなど、医療&介護ニーズが最優先という場合には、ズバリ、読者のみなさんの地域で評判のいい医療法人が開設している「サ高住」をお薦めします。地域の開業医が運営しているため安心度は高い。

仮に不手際があったら本業のほうに響くので、事業に取り組む真剣度がちがいます。看護師も、24時間常駐させていることも多いです。

★パンフやホームページは羊頭狗肉。

⇐

施設側の美辞麗句を信じない

ズバリ、老人施設の「医療サポート」を巡るトラブルの原因は、医療機関との『連携』とか『提携』という言葉の定義にあります。

パンフレットや事前説明の場では、「医療機関と連携しているから安心」という話が飛び交います。でも、その実態は…。

大手介護事業者でさえ、救急車を呼んでくれるだけで「ハイ、おしまい」ということもあるのです。

つまり、施設側が説明する「連携」と、それによって入居者側が描くイメージにはかなりのギャップがあるということです。

一般に入居者側は、「休日や夜間緊急時に何かあっても、病院と連携しているから施設に住まわせておけば大丈夫」であろうと、ある意味、非常に都合よく考えがちです。

対応策としては、入居決定前に、施設側の言う「連携」の定義をしっかり確認すること。具体的には、施設側の誰が、どこまで対応してくれるのか。連携病院は、いつ、誰が、どこまでのことをやってくれるのか。しっかりと確認することです。

★大手介護企業の物件は怖い。

⇐

大手介護企業には近づかない

私どもによく寄せられる問い合わせにこんなのがあります。

「やはり大手が経営する物件のほうがリスクは少ないでしょうか？」

常識的に考えるとそうなるのですが、ちがいます。むしろ逆です。

かつてハンバーガーチェーンが急速に店舗数を増やしたとき、店長をはじめとするスタッフの質が追いつかずに業績が落ちたことがあります。介護の世界でも同じことが起きています。安倍政権の「新・３本の矢」を受けて、大手はこぞって数を増やしにかかっています。人の確保よりも箱モノを立てることを優先しています。

現場責任者には別業界から転職組が多いのですが、彼らは経営陣からの評価を勝ち取るのに必死です。入居者のことよりも本社の目を意識して仕事をしがちです。

だから、とにかく入居者確保と入居率アップに躍起です。

当然、現場の職員との温度差が出てきます。こうした構図が、どこかであったような信じられないこと（介護職による入居者連続殺人事件）が起きるのだと思います。

はっきり言いましょう。ノーモア！　コムスン、ワタミ…。

★住み慣れたわが家でも逝くことができる。

⇐

ケアマネに訪問診療医、

訪問看護師を確保する

住み慣れた自宅で最期を迎える話をしましょう。

都市圏であれば、現時点でも、在宅死を支えるインフラはかなり整っています。

だから、本人や家族が本気でそれを望めば可能ということです。

ですが、希望すれば誰でも自宅で死ねるのかというと、やはり、然るべき条件が整わないと難しいというのが私の意見です。

具体的にあげると、以下の５つが揃えば問題ないと思います。
①「在宅での看取り経験豊富な医師および訪問看護師」
②「ケアマネジャーと訪問介護ヘルパー」
③「配食、買物代行等の生活支援サービス事業者」
④「地域ネットワーク（民生委員、老人クラブ、自治会等）」
⑤「隣近所の理解と協力」
結局、どんな人であっても、自分一人で最期の始末をつけることはできません。

医療や介護のサポートは、言わば自宅で死ぬための必要条件です。

第5章

家族関係

★子の成長に連れ離れゆく親子の心。

⇐

終活に向けて親子の

心の距離を縮めよう

終活のはじめの一歩は、親子間の心の距離を縮めておくことです。子どもの幼少時のような親子の蜜月関係は、そんなに長くは続きません。おまけに今の子ども世代は、仕事に家庭に育児に教育に住宅ローンと忙しい。そこへもってきて、たまたまある日突然、親の介護問題が湧きおこるのです。

そうなってしまう前に、親世代としては、離れてしまった子どもとの心理的距離を縮めてエンディングに向けてのサポート依頼を予告しておく必要があります。それを怠ると、やたらと自分を頼ってくる親に対する面倒臭さが生じてきます。

なので、老後の様々な問題に子ども世代のサポートを求めるのならば、お墓を買ったり、遺言を書いたりするよりも何よりも先に、子どもたちとの信頼関係修復に取り組むことが必須なのです。

親子の絆はバカにしたものではありません。

親のほうから子どもたちに真摯に向き合っていけば、子どもたちの側にも必ずや親の老後を支援する覚悟が定まってくるはずです。

さあ、ハッピーエンディングに向けてはじめの一歩を踏み出しましょう。

★歳をとるほどに親子の会話が減る。

⇐

照れや恥ずかしさを乗り越えて

親から子へ想いを伝えよ

血縁というのは照れや恥ずかしさも手伝って、真正面から相手への想いを伝えづらいものです。でも、子どもたちにエンディングに向けてのサポートを頼むのであれば、親のほうから意識的に働きかけて会話する機会を作る必要があります。

その積み重ねが子ども側に親の老いに対する意識を根づかせるのです。まずは年に一度でいい。親子で向き合って、きちんと「ありがとう」と「ごめんね」を口にしてください。

ふだんとはちがう親の言動に、子どもたちは「なに言ってんだよ」などと、冗談っぽい言葉を吐くかもしれません。でも戸惑いながらも、「どうしちゃったんだろう」と葛藤して、ふつうは、「何かあったのかな」、「歳を取ったんだな」とかいうことに思い当たります。

そして、その瞬間から親の最期（死）を意識するようになるのです。これが子どものサポートを得ながら納得のエンディングを迎えるための出発点になります。

親の側が正面から真摯に言葉を伝えれば、想いは必ず子どもにも伝播します。

さあ。早速、最初の親子会議のセットに取りかかりましょう。

★子に何かを頼んでばかりの親が多い。

⇐

親子の信頼関係を維持したいなら

ギブ・アンド・テイク

「もう一度、昔のように子どもたちと仲よく会話や食事をしてみたい」。

そんな声を、親世代の人からよく聞きます。裏を返せば、お子さんとの関係がどこかギクシャクしたものになってしまっているということです。

まずは、老い先に抱いている不安要素を洗い出す。子どもたちに引き継ぐものを洗い出す。そしてどの部分で子どもたちにサポートをもらいたいのかをリクエスト。

要は、ギブ・アンド・テイクです。

子どもに何かを頼んでばかりではなく、子に何を託し遺せるのかも伝える。

このステップをすっ飛ばしてしまうと…。私には、ここに世の中の悲痛な事件の根っこがあるように思えてなりません。

過酷な毎日を生きている子どもたちに過度に依存するばかりで、金銭的な裏づけも示さずに『親の面倒を子が見るのは当たり前』などと言っていると、老老地獄に落ちかねません。

長生きしなければならない今日においては、老いては子に従うスタンスが求められています。

★老いてなお煩悩に囚われる親が多い。

⇐

生前から子に

おカネを引き継いでいく

人生はオムツにはじまりオムツに終わります。

子どもの立場からすれば、親が自分に何を遺してくれるのか、それが不透明なまま介護などの作業負担だけを求められてもやりきれないものがあるはず。親がいつまでも資産状況や遺産分割の方向性を示さないでいるから、示さぬままに心身がボケてしまうから、介護虐待や介護殺人といった老老地獄事件が起きてしまうのだと思うのです。老いてなお、おカネに執着するようなことはすべきではありません。

老後のサポートを依頼するのと引き換えに、生前から親の資産を子に承継していく。親が心身ともに自立しているうちに、子に与えるお金と委託する役割について明確にしてくれれば、子どもの側にも親への感謝と覚悟が芽生えるものです。

生前の財産承継は、結果的に親子間の信頼と絆を強めるものです。

多くの高齢者が晩年に望む、良好な親子関係を維持するための唯一の方法と言えるかもしれません。

これによって、わが子に媚びず気を遣わず、そんな凛としたクールな老後を実現できるのではないでしょうか。

★終活セミナーで
言いなりになってしまう親世代。
⇐
法律や契約よりも子どもとの会話が先！

「ボケてしまったら預金口座が凍結されてしまいますよ。今のうちですよ！」

「まずは遺言状を書いて公正証書にしておくことです！」

「ご家族を任意後見人になってもらえば安心ですよ。手続きはお任せください！」

「親子間で家族信託契約を結んでおくことをお奨めします！」

終活セミナーで、弁護士や司法書士はもっともらしいことを言います。

で、財産総額に応じて数％～十数％とるわけです。

私は、こういう法律や契約ありきの終活には違和感を覚えます。

家庭裁判所やら公証役場やら信託銀行。成年後見制度やら家族信託契約やら公正証書遺言。これらは、ふつうに生きてきた人にとってはイレギュラーな世界の話です。

できれば関わりを持たずに円滑な老後を過ごしたいものですよね。

そのためには、まずは、親子の会話を増やしつつ、親のエンディングに対する親の想いを伝えるのです。それを叶えるために子どもたちに何を依頼するのか。

そのサポートの対価も含め、子どもたちに何を託し遺すつもりなのか。

そういうことを伝えて共有してもらって、老後の支援を承諾してもらうのです。

★終活の意味をはき違えている親世代。

⇐

真の終活とはエンダンである

終活とは、任意後見人をつけることにあらず。葬儀の生前予約にあらず。遺言を書いて公正証書にすることにあらず。銀行と遺言信託契約を結ぶことにあらず。財産承継で弁護士や司法書士に家族信託契約の手続きを依頼することにあらず。真の終活とはエンダン、つまり、「エンディングの段取りを整えておくこと」という意味です。

最後のさいごまで自分の人生を主体的に生き抜くことができるよう、老後の想定課題について方針を決めて、それを家族で共有しておくこと。そうすることで、仮に親が認知症になってしまった場合でも、子どもたちが親の想いを叶えてあげられるよう努める…。親から子どもたちに声をかけ、これまでの至らなかったことをきちんと詫びて、子どもたちに笑顔をもらい生かしてもらったことに感謝を伝える。

その上で、子どもたちにこれまでに培ってきた価値を引き継ぎ、併せて、エンディングに向けてサポートを頼みたいことを伝える。目指すべき終活とは、親子の絆を再構築することで、裁判所や公証役場や銀行や法律事務所と関わることなく、すべて家族内で完結できるよう進められるべきものなのです。

★なんのかんのと言いながら、
結局ソナえぬ親ばかり。
⇐
立つ鳥跡を濁すべからず

人間は周囲に迷惑をかけながら死んでいくのです。

このことをしっかりと認識し自覚すれば、老後のあり方は自ずと見えてくるはず。

少しでも早いうちから、自分の老後と最期を具体的にプランしておくことです。

通帳、印鑑、生命保険や不動産関係の書類の在り処は、今のうちから子どもたちに教えておくべきです。

銀行のカードの暗証番号。これももう観念して子どもに教えておくべきです。

アナタが忘れちゃったら最後、子どもたちはそれを引き出すことができなくなっちゃうのですからね。死んだりボケたりしてからでは遅いのです。

親が死んだ後で子どもたちが手続きするには多大な時間と労力がかかるのです。

子どもたちを愛しているのであれば、悪いことは言いません。

元気なうちからエンダン（エンディングの段取り）を実行すべきです。

これは親世代さいごの大仕事と言ってもいいでしょう。早いうちから身辺整理し、足元を固めたうえで人生のファイナルステージを謳歌する。

そして、澄みきった心で、凛として最期に臨みたい…。そう思います。

★親から子へのバトンタッチが
できていない。
⇐
「生前相続」を決行せよ！

「家」の概念が実質的に消え去った今日では、聞きなれない言葉ですが、私は『現代版家督相続』を推奨しています。

親の目が黒いうちに、贈与税を納めることなく財産を徐々に移管していく…という意味で、私は『生前相続』と称しています。

生前相続とは…。あるタイミングが来たら、親世代は自分名義の預金から最低限必要な金額のみを年金が給付される通帳に移します。

で、それ以外の通帳は、エンディングのサポートをしてもらう子どもに、親名義のまま通帳・印鑑・キャッシュカード・暗証番号を引き継ぎます。

子どもは、その通帳とキャッシュカードを親名義のまま使い、親のための生活援助金を毎月引き出して親に手渡します。他にも、親に依頼されたエンディングサポートに係る費用は、その口座から引き出して充当します。そうしながら、徐々に親名義の口座の残高を減らしていきます。

で、最終的に親のエンディングを迎える時までに、相続税が非課税となるところまで預金残高を減らすことができれば理想的です。

★人生50年、夢幻の如くなり。

⇐

人生100年、

さいごの25年はギフトと思え

生前相続でいちばんむずかしいのは決行のタイミングです。

ひとつ考えられるのは、後期高齢者と称される75歳をひとつの目安とすることです。

人生100年を四半世紀ずつに分けて考えてみる。第1四半期は「自分さがし」の25年。第2四半期は「自分づくり」の25年。第3四半期は「自分のこし」の25年。

そして、第4四半期は「第二の自分さがし」の25年としてみてはいかがでしょうか。天から授かったギフトと思って、いま一度自分が生かされていることの意味を模索する25年です。なんだか、とってもオシャレな発想だと思いませんか？

そして、生前相続に踏み切るもうひとつのタイミングは、「周囲の人の誰かひとりでも、あなたの言動にボケの兆しを察知した時」です。

引き継ぎのタイミングを具体的な年齢で決めておいたとしても、仮に75歳からすべてを子ども世代に引き継いで隠居生活に移行しようと考えていた人がそれより前の時点でボケてしまう場合だってあり得ます。

そうなってしまうと、隠居生活に入るための準備が完了していない可能性がありますから、私としては、後者の時期設定のほうがお薦めです。

★買っても書かないエンディングノート。

⇐

エイジングウィルのすすめ

書店の終活コーナーには多くのエンディングノートが並んでいますが、購入者の殆どがはじめの数頁に手をつけただけで頓挫してしまうそうです。

その理由は、そもそも積極的には考えたくないテーマであることに加え、高齢者が独力で未来をイメージしたり、想いを文章にまとめることが容易ではないからです。

そこで私は、２０１７年に、エンディングノートに代わるきわめて実際的な老後計画書『エイジングウィル』を開発し、これまでに約50名のシニアに提供してきました。

エイジングウィルの作成手順ですが、まずは、想定される老後の課題について2時間のヒヤリングを行います。

その結果を『エイジングウィル』としてまとめ、『家族サミット』と称する家族会議でその内容を家族間で共有してもらい、人生のさいごまで本人の意向が反映されるように段取りさせていただきます。

併せて、実際に事が生じた際には、セカンドオピニオン、リビングウィル、病院・施設さがし、認知症予防、財産承継（任意後見、贈与・遺言・家族信託等）の手続きに対応させていただけるようになっています。

第6章

エンディング

★「エンディング＝お墓と葬儀の確保」
という勘違いが多い。
⇐
エンディングまでの
段取りのことである

真の終活とは、「アクティブシニアがエンディングを迎えるまでに遭遇するであろう老いの課題について、元気なうちから方針を決め、それを紙に書いて、親子間・家族間で共有して、万一のことがあっても親が望んだとおりの対応を子どもたちに叶えてもらえるように段取りしておくこと」です。

ひとことで言えば、エンディングまでの段取りです。略して言うと、『エンダン』です。巷の終活セミナーでは、信託銀行やら法律家の人たちが、「ボケたらヤバいから、今のうちに家族信託契約を結んでおきましょう」とか「成年後見制度を申請しておきましょう」とかまびすしい。

でも、ごく普通の人たちにとってみれば、裁判所や弁護士や家族信託契約や成年後見制度といったものはイレギュラーな世界の話です。

私たちがまず目指すべきエンディングというのは、親子間・家族間で円滑に完結させるエンディングです。みなさんは、そう思いませんか？

まずは親子で真摯に向きあって、親子間で完結させることを考えるのが先決だと思います。

★延命治療で後悔する人が多い。

⇐

元気なうちから延命治療に

対するスタンスを伝えておく

今日では、９割近い人が病院で息を引き取ります。そこで検討しておきたいのが、ターミナルケア（終末期医療）について。その中でも延命治療のことです。延命治療とは、昔で言うスパゲッティ症候群。今ならパスタ。身体中を管で繋がれ、無理やり生かされるアレです。具体的には、大きく「人工呼吸・人工透析・人工栄養」の３つを指します。自力では呼吸ができない。体内の不要物を排出できない。口から食事がとれない…。そんな、回復の見込みがない状態に陥ってしまったとき、自然の摂理や人間の尊厳を無視してまで、現代医学の力で生き永らえたいのかどうか。

元気なうちから方針を固めておくようお薦めします。これを「リビングウィル」といいます。中には延命治療に疑問を持たず、むしろごく当然のことと思っている医者もいます。もしも延命治療を望まないのなら、家族にしっかりと念押ししておかねばなりません。あいまいな伝え方では、不慣れな医療現場の緊張感と動揺の影響で、うっかり「お願いします」と言ってしまいがちだからです。

今から延命治療へのスタンスを決めて家族に伝えておくことです。

★胃ろうが延命治療のはじめの一歩。

⇓

自分の口で食べられなくなったら…

もういい

延命治療のはじめの一歩とされる「胃ろう」。脳外科手術の後などに、胃に穴を開けて管を通し、そこから強制的に栄養液を入れる処置のことです。

世界中で、こんなに胃ろうを造設している国は日本くらいです。胃ろうの要介護者ひとり当り、医療と介護で月額40万円の費用がかかります。年間で500万円です。現在、50万人近い患者が胃にじかに栄養分を流し込まれることで生きています。2兆5千億円…。すごい金額です。私的には、わが国最大の医療費のムダではないかと思います。肝心なのは、本人の意思を反映すること。人生最大の楽しみともいわれる「食べること」を失ってまで生きたいかどうか。私であれば、例え死期が早まったとしても、こんな栄養補給は願い下げです。

しかし、実際に胃ろうにするかどうかを決めなければならない時、本人の判断力が失われている場合、家族は人目を気にして、「とりあえずお願いします」などと言いかねません。胃ろうを拒むことで、医者や看護師、さらには知人たちに冷たいと思われはしないかと、どうしても体面を気にしてしまうようなところがあるもの。だからこそ、元気なうちから家族に自分の希望を明確に伝えておく必要があるのです。

★お葬式は必ずやるものと
勘違いしている人が結構いる。
⇐
遺族の義務は死亡届のみ

法的に言うと、葬儀で必要不可欠なのは「死亡届の提出」だけです。つまり、お通夜や告別式といった葬儀については、やりたい人がやればいいだけということになります。

葬儀費用の平均は、概ね200万円と言われています。

しかし、費用を極力抑えようとするケースは確実に増えています。生前に、その旨を家族に伝える人も多くなりました。

「家族のみ&通夜のみ」の家族葬はもとより、儀式的なものを一切排除し火葬だけに絞った『直葬』は、特に現代人のニーズをとらえているようです。

火葬した後のお骨すら受け取らなくて結構という『ゼロ葬』も商品化されています。「お骨もお墓も不要。大切なのは気持ちの問題」という価値観もあるわけです。みなさんはどう思われますか？

このように、葬儀を合理的済ませようという風潮が進んできています。

いろいろな事情で、葬儀にお金をかけられない場合、こうした選択肢があることを情報として持っておくことは役に立つと思います。

★葬儀の請求書を見て愕然とする遺族がいる。

⇐

おためごかしの葬儀社を信じない

インターネットの普及で葬儀業界も明朗会計になってきましたが、それでもまだ、「こんなはずじゃなかった…」と、あとの祭りを嘆く遺族がかなりいます。

ということで、昔ながらの葬儀屋がよく使う常套句をご紹介しておきます。

用心してください。

「大きな斎場でないと参列者に失礼ですよ」⇓で、少しでも大きな会場を勧める。

「ご指定の祭壇が手配できません」⇓で、値の張る祭壇を勧める。

（安価に済ませたい旨を伝えると）「それでは仏様がかわいそう」⇓で、高いコースを勧める。

「仏様のクラスでそんな人はいない」⇓で、少しでもお金を使わせようとする。

「本当によろしいんですか」⇓で、ワンランク上のものに変更を迫る

「（神妙な顔で）今は泣いている場合じゃありませんよ。これから先、仏様のために、まだやることがたくさんあるのですから。私どもも精一杯お手伝いさせていただきます」⇓で、速やかな契約を迫る。

これらはぜんぶ、大切な家族を失ったばかりで動揺し憔悴している遺族をマインドコントロールするための決まり文句です。

★葬儀を終えて請求書にビックリ！

⇐

葬儀は必ず見積りを取る

葬儀を何とか無事済ませたと思ったら、葬儀社からの請求書を見てビックリ！　あれ？　考えていた予算よりもかなりオーバーしている、参ったな…。ボッタクられないために、以下のことを強く意識するようにしましょう。

●『葬儀費用の平均２００万円』にだまされない
●打合せには必ず複数で臨む
●予算を事前に明確にする
●見積りを必ず取り、不明点は徹底的に質問する
●『葬儀一式』ではなく、『葬儀一切合財でいくらか』を確認する
●市民葬の値段を予め調べておく　*都市部でも50万円は超えない
●自社で斎場を保有する業者は敬遠する
●お寺の紹介料、お布施の立替、通夜ぶるまい、精進落し、生花、返礼品、心づけ等は特に注意する
●『葬儀は自宅でやることも検討したい』と言ってみる

ということで、後味の悪い思いをしないようにしたいものです。

★病院指定葬儀社の
言いなりになってしまう人が結構いる。
⇐
病院指定葬儀社とは極力かかわらない

病院というところは、患者が死亡してしまうと、何の商売にもなりません。ですから、次の患者さんを受け入れる体制を整えるために、1分1秒でも早くベッドをあけてもらいたいのです。

そのため、多くの病院では葬儀社と提携していて、大規模病院であれば、葬儀社の社員が病院に常駐しているくらいです。白衣を着ているので、多くの遺族は誤解しがちですが、彼らは病院の職員ではありません。

ご臨終の場で白い手袋をしているのは99％の確率で葬儀屋です。

誤解しないでほしいのは、病院は葬儀のための葬儀社を紹介しているのではなく、自宅等までの搬送業者を案内しているだけということ。

つまり、遺族が他の葬儀社に依頼することは何ら問題ないということです。

ここを誤ると、病院に出入りしている葬儀社にいいようにされてしまいます。

「病院指定葬儀社」と名刺に入れることで、費用的にかなり高いことが多いのです。

病院で亡くなられた時点で、搬送業者でしかない「病院指定葬儀社」には明確に伝えるべきです。でないと、なし崩し的に費用が嵩んでいく危険があります。

★「互助会に入っているから安心」
という人が結構いる。
⇐
互助会は決して安心ではない

大勢の人が、いわゆる互助会に積み立てをされているのに驚きます。
積み立て前払い方式で、例えば一般価格「葬儀一式200万円」のセット内容を、会員価格150万円にディスカウントしますよ…という感じです。

普通の人は「葬儀一式」と聞けば、その金額で一切合切が賄われると思うはずです。でも葬儀業界の慣習はちがいます。別途、料理、生花、ハイヤー、マイクロバス、テント、返礼品、お布施などが費用として発生します。

大体、これらのオプションは、パンフレットの欄外に小さく記載されています。追加分だけで、少なく見積もっても「葬儀一式」で表示されている金額の倍になります。冒頭の例で言えば、会員価格150万円で賄えると想定していたのに、実際の請求額は、オプションが上乗せされて300万円とかに跳ね上がってしまうわけです。

そして、「だまされた」と電話をかけてくる人が多いのです。

互助会の事務所に問い質せば、必ず「会員の誤解。パンフに書いてあるも〜ん」と回答します。

しかし、こういう商売はいかがなものなのでしょうか。

★電車に身投げする年寄りが後を絶たない。

⇐

死んでまで家族に負担をかけない

高齢者の自殺、それも電車への飛び込みが増えています。さまざまな事情もあるのでしょうが、どうか他者に迷惑をかける方法だけは避けてほしいと思います。電車に飛び込むのは最悪です。数万人規模で迷惑がかかります。挙句は、遺族が電鉄会社からペナルティを請求されかねません。

また、子どもに生命保険の死亡保険金を贈りたい場合、契約3年に満たない場合は徒労に終わります。要するに無駄死にです。生命保険に入っている方は、死亡保険金が支払われないケースについて早速確認してみてください。

あと、「自殺を考えている」などと身近な人に相談するのもやめましょう。相談されたほうは困りますし、ストレスになります。

本気で自殺を考えるのであれば、誰にも言わず、ひっそりと誰にも迷惑が及ばないやり方を探してください。

本気で死ぬ気になれば、それくらい考えることはできるはずです。

やはり、身近なところで、なんでも相談できる人脈があるといいと思います。

★最悪、お金がなくても心配ない。

⇐

這っていってでも病院の玄関で倒れる

年金も受給していない。預金もない。援助してくれる身寄りもない…。年に数件、こういった相談が寄せられます。

そんな時は、2つのことをお話しします。これを知っておけば、何の問題もありません。

ひとつは、福祉国家ニッポンの王道、生活保護の受給です。これで生きていくための衣食住は確実に確保されます。医療や介護もタダ。普通であれば何年も待たなければならない特別養護老人ホームにも優先的に入れます。割り切ってしまえば、何ということはありません。にもかかわらず、「いや、できたら国のお世話にだけはなりたくない」と言う人がいます。

でも、ホームレスになって、道行く人に「めぐんでください」とやるほうがもっとみじめだと思うんですよね。つまらない体面は捨てるべきです。でも、どうしても生活保護はゴメンという人は、最後の最後は這ってでも病院の玄関まで行って、そこで倒れる。それで一件落着です。これはマル秘な裏技です。

★結局備えずに倒れてしまう人が多い。

⇐

しっかり備えて

子どもに迷惑をかけない

「終活、終活」と叫んでいる高齢者は多いものの、実際には何も備えぬまま倒れてしまうケースが目立ちます。

備えるというのは、お墓を買ったり、葬儀の生前予約をしたり、遺言を書いたりしておけばいいということではありません。年齢を重ねるごとに心身が衰え、やがて最期の時を迎えるまでに遭遇するかもしれない老後のリスクについて、親子間・家族間で話し合っておくこと。それが本当の意味で「備える」ということです。

がんになって手術を勧められたらどうするか。本人の意識がない状態で延命治療を勧められたらどうしてほしいのか。介護が必要になったらどうしてほしいのか。

認知症になったらどうしてほしいのか。さいごはどこで迎えたいのか。財産をどうするか。

葬儀はどうしてほしいのか。死んだ後の諸々の後始末はどうしてほしいのか…。

こうしたことを元気なうちから親子間・家族間で共有し、だれに何を依頼するのかを明確に伝えておくことです。こうしたプロセスがないままに倒れられると、子どもたちに多大な不便と不利益が降りかかってきます。

★老いてもなお、おカネに執着する人が多い。

⇐

元気なうちに

子ども世代にバトンタッチする

私がお奨めする『老後革命』というのは、現代版の家督相続とでもいうべきものです。ただ、親世代が100歳まで生きることもザラであるのに加え、認知症リスクの問題がありますから、ちょっとした工夫が必要です。

それは、親が子ども世代にバトンタッチするタイミングです。いろいろなケースに立ち会うなかで、現時点で納得感を得られやすいのは、以下のいずれか早いほうのタイミングで事を進めることだと考えています。

①親世代が75歳（後期高齢者）を迎えたとき。
②認知症の兆しを指摘された時　（「お父さん、ちょっと変だよ」と指摘された時）

年齢については、人によって65歳でも80歳でも構いませんが、大切なのは、実際に②のような状況になったときに、大切な人の言葉を真摯に謙虚に受けとめて堪忍する潔さです。老いてなお煩悩に執着することは避けたいものです。

人生100年の最期の25年はギフトだと思って、身軽になって再び自分探しの旅にでてみてはいかがでしょうか。

Column

★古希までに具体的に備える！『老後革命』とは。

＊老後革命の目的は3つあります。

①人生の最後のさいごまで、自分の人生の主役であり続けること。

②仮にボケてしまったとしても、配偶者や子ども等、大切な人たちのサポートを得ながら、自らデザインしたエンディングを実現できること。

③エンディングをサポートしてほしい人たちに迷惑がかからぬよう、あるタイミングで財産の管理を託してしまうこと。

＊老後革命の具体的な手順は、以下の通りです。

1．親世代は、事前に老後の想定課題8つ（がん、延命治療、要介護、認知症、終のすみか、財産承継、葬儀、死後事務）について の望みを「エイジングウィル」として具体的に記載しておく。

2．75歳もしくは認知症の兆しが表れた時点で「家族サミット」を開催し、親世代はエンディングの要望事項を、託したい人たちに読んで聞かせて共有する。なお、家族サミットは、年一回、定期的に開催

Column

することが望ましい。

3. 要望を全うするために、だれにどのようなサポートをしてほしいのかを明確に依頼する（あらかじめ文書に盛り込んでおく）

4. サポートに係る作業負担分も配慮して、だれに何をいくら程度遺せるのかを伝える（同じく、文書に盛り込んでおく）

5. 株やゴルフ会員権はキャッシュ化し、定期預金は普通預金に振替えるなど、預金口座をあらかじめ整理しておき、託したい相手ごとに、親名義のまま通帳印鑑キャッシュカード暗証番号を引き継ぐ。生命保険も同様に証書を引き継ぐ。

6. 託された側は、親側とあらかじめ決めた金額を生活支援費として、毎月親に手渡す。

7. 親世代は、年金と、託した相手から毎月受けとる生活資金を元手に人生のファイナルステージを謳歌する

★介護施設で嫌われる年寄りがいる。

⇐

自分がされて嫌なことは人にしない

介護現場で働く人たちに嫌われる高齢者について訊いてみました。
以下が、その結果です。

●人格・性格に係るもの…①プライドが高い
②上から目線、気むずかしい

●言動に係るもの…①暴言暴力（叩く、ひっかく、奇声を上げる、悪態をつく）
②排泄まわりの悪慣習（失禁、弄便、オムツはずし）
③夜なのに寝ない、深夜の異常行動、セクハラ
④同じことをひたすら繰り返す（独語、質問、素行）
⑤会話が成り立たない、食べ方が汚い、歯磨きの時に口を開けない
⑥悪口をふれまわる

●身体特性に係るもの…①くさい（尿便臭、口臭、加齢臭）
②大きくて重い、拘縮して動かない
③気難年寄りもいるしそうな形相

★好かれる年寄りもいる

⇐

自分がされてうれしいことを

人にしてあげる

逆に、歓迎される高齢者は、

「感謝の言葉をかけてくれる」

「いつも笑顔」

「寝たきりで手がかからない」

「清潔（臭くない）」

「うるさい家族が来ない」

の5つでした。いろいろと考えさせられる結果ですよね。

さて、大きな鏡の前で、ニッコリと微笑んでみましょう。とても上品でしょう？我ながら好感を持つはずです。

こんどは、気むずかしそうな仏頂面をしてみましょう。自分でも嫌気がさすはずです。人間の値打ちは能力や職歴ではありません。その人からにじみ出る態度。その人に漂っている空気。言葉づかい。そして、何といっても笑顔です。あんな年寄りだけにはなりたくない…なぁんて後ろ指さされないためにも、キープスマイル！

付録

医療

★医者に通うほどに不健康になる。

⇐

健康を取り戻す近道は

医者と距離を置くこと

病医院というのは、健康をむしばむ細菌の温床です。そんな場所に何時間も身を置いた挙句に、本来はからだに良くない薬を山ほど処方されます。決して有効とは思われない検査にからだを晒され、ときにメスを入れられてからだに負担を強いるのです。

これからはもう、風邪をひいたら家で安静にしている。それがいちばんです。

そもそも、健康ってなんでしょう。

ひとつ、健康とは無自覚です。

ふたつ、健康とは血流です。

みっつ、健康とは均衡です。

朝めざめて特定の場所に違和感をおぼえたら、それが不健康のしるしです。

そんなときは、病医院に医者を訪ねるよりも、まずは（激しい）運動・ストレス・紫外線・煙草・過食を控えて、からだのバランスをもとに戻しましょう。

私たちに本来備わっている自然治癒力を目覚めさせてあげる。

そうすることでしか、本当の意味での健康を取り戻すことはできません。

★医者は生活習慣病を治せない。

⇐

医者に通わない

患者は、病気を治したい、健康を取り戻したいと思って医者に診てもらう。

医者は、経営の安定、すなわち儲けるために患者を診る。

あなたの病気の原因は何だったのでしょうか？　そう、自分自身の不適切な生活習慣です。病気を治そうとか健康になりたいとか真剣に思うのであれば、医者に行くのは無意味なことです。

いや、逆効果と言ってもいい。医者は患者を健康にすることなど夢にも考えていないから、来たら来ただけ薬を出す。ときに効果測定のためだとか言っていろいろな検査を挟んだりしながら。

こうして日常的に医者通いをしていると、確実に人間に元来備わっている免疫力というものが落ちていきます。免疫力というのは、人間の体内に健康を害する外的が侵入したときに、それを退治してくれる用心棒みたいなものです。

自然治癒力と言うこともできるでしょう。そして、この免疫力とか自然治癒力は、薬という化学物質を飲む頻度や量によって、次第にパワーダウンしてしまうことが既に検証されているのです。

★昨日今日のつきあいの医者に、
本当のあなたはわからない。
⇐
自分の心身の声を聴く

医者との距離感をどう保つかが、私たちの健康の浮沈を握っています。医者の治療は所詮、対症療法。その場しのぎの症状緩和や数値改善をしているにすぎません。医療の「医」の字を見てください。三方を壁で囲われ、東の窓だけが開いています。東にあるものといったらなんでしょうか。そう、太陽です。古代より、太陽は希望の象徴でした。東の窓から矢が放たれます。その矢が希望を射抜くのです。何十年も連れ添ってきた自分のからだです。

昨日きょう知り合った医者よりも、自分のからだのことは自分がいちばんわかっています。不具合な箇所を切除したり、薬で症状を緩和したりするだけでは問題解決になりません。不具合をもたらす原因となった生活行動は何なのか。その問題行動を取るようになってしまった背景はいったい何なのか。

つまり、自分自身の生活を見直すことです。そう考えると、私たちの健康上の不具合は、私たちに生き方を見直すきっかけを与えてくれているのかも知れません。気づかないうちに根づいてしまった良くない習慣を改めるチャンスです。それができるのは医者ではありません。他でもない、私たち自身なのです。

★相性の悪い医者の治療は効かない。

⇐

きらいな医者には二度と通わない

とは言え、急場をしのぐために、日頃から気軽に相談のできる「かかりつけ医」を持つことは必要かもしれません。諏訪中央病院名誉院長である鎌田實先生は、「良いかかりつけ医」の条件として以下の10項目を挙げ、これらのうち3つ以上該当すれば及第点と考えていい…と話していました。

①話をよく聞いてくれる
②わかりやすく説明してくれる
③薬をすぐに出さず、生活の注意をしてくれる
④必要があれば専門医を紹介してくれる
⑤家族の気持ちまで考えてくれる
⑥地域の医療、福祉を熟知していて必要な時は何時でも繋いでくれる
⑦医療の限界を知っている
⑧患者の悲しみ、痛みを理解してくれる
⑨他の医師（セカンドオピニオン）を快く受け入れてくれる
⑩本当のことをショックなく伝えてくれる

★ろくに挨拶もできない医者がいる。

⇐

人間として問題のある医者とは別れる

医療の質とは、突き詰めていけば、患者と医者の信頼関係です。その基盤となるのが、患者と医者とのコミュニケーションです。

そして、コミュニケーションの入口は、やはり挨拶なのです。体調がすぐれないなか何時間も待たせた患者に対して、ねぎらいの言葉ひとつかけられない医者というのは、人として問題があると言わざるを得ませんよね。

仲間内のようなため口をきくなんぞ、もっての他。すぐにサヨナラしてください。

これからの医者は、手術より「話術」です。

聖路加国際病院の故・日野原重明先生は、

「医療とは患者と医師の両者で作り上げるもの。そこには必然的に信頼関係が不可欠であるが、そのためにはまず、医者は聞き上手に、患者は話し上手になるべし」

と話されていました。

患者さんがリラックスして、うまく話せるように効果的な質問をしながら診立てと治療方針を提示する。かつ、その根拠をわかりやすく説明して理解させる。

この一連の作業が医者には求められていると思うのです。

★にこやかな医者も心のなかはわからない。

⇐

カルテをくれと頼んでみる

医者にカルテ（正式には「診療録」）の写しを求めると、その場の空気が重苦しいものに変わる場面があります。患者から請求された場合、医者には、正当な理由がない限り、カルテを交付する義務があります。

欧米ではカルテは当然診療費を払った患者のものと認識されています。でも日本はかなり遅れていて、カルテは病院のものであり、患者が勝手に覗いてはいけないという慣習が根強く定着しています。

カルテの開示を求めたら、「なぜですか？」「何のために？」「何か問題でも？」「目的と理由が明確でないと差し上げられません」「うちでは、原則として開示できないことになっています」等と冷たく言われたという話をよく耳にします。

医療情報は患者の財産であって、病院はそれを預けている銀行のようなものです。医療機関は患者の大切な資産を保管してはいるけれど、患者が希望すれば引き出しも貸し出しも自由でなければいけません。

機会があれば、是非一度、かかりつけ医に頼んでみてください。

医師は果たしてどんな反応をするでしょうか。

★大学病院の外来はどこよりも危険。

⇐

大学病院には近づかない

大学病院には、「研究と教育と臨床」という3つの役割があります。医者が出世して教授になろうとすると、なんといっても論文勝負なので、必然的に研究に時間と努力をかけることになります。

で、必然的に臨床の優先順位が低くなるわけです。なので、外来も病棟も、医学生に毛が生えた程度の医者が前面に出てきます。

もちろん、そもそも肩書きが偉い医師が必ずしも臨床が優れているとは限らないわけです。むしろ逆である場合が多いのです。

大学病院には権威と歴史があるのは事実ですが、それと臨床能力とは別であるということを覚えておいてください。

東大病院にも慶應病院も毎日大勢の患者でごったがえしていますが、待ち時間のみならず、大学病院では、多くの患者が求めているものが手に入らないことも多いのです。状況に応じて、民間病院、診療所と大学病院をうまく使い分けることが重要なのです。

★患者第一のウソ。

⇐

病医院側の都合第一と

クールに受けとめておく

そう言えば、院内によく掲げてある『患者第一』。あれは嘘です。

患者側が病医院に改善してほしいと願っているひとつに診療時間の問題がありま す。これは、待ち時間の割りに診療時間が短いということではなく、診療時間の融通性のこと、つまり、休日夜間も含めた診療時間の設定のことです。

30数年前、大手のコンビニは文字通り夜の11時までしか営業していませんでした。それが今や全国津々浦々、どんな片田舎に行こうがコンビニは24時間開いています。百貨店、量販店やスーパーマーケットだって同様に営業時間を延ばし、休業日を減らしています。

それなのに、今日でも医療機関の対応する時間帯は変わっていません。いや、それどころか、開業医の休診日が増えています。

他にも、自分の子が生まれて面会に行くのに、厳しく面会時間制限が設けられているのも欧米との大きなちがいです。

サービス業と言われる各企業が顧客サービス向上を叫び、利用者の便宜を図るべくさまざまな経営努力をしてきたのに対して、医療機関はどうでしょうか…。

★医者は自分や家族と患者で
治療がまるで異なる。
⇐
医者を信用しない

私は医者という人種があまり好きではありません。

そうなってしまった理由は、彼らが患者に行っていることと、身内に対する治療がまるで異なることを知ってしまったからです。

医者は薬を飲みません。

薬を常用するクセがついてしまうと、後々いかに大変なことになるかを知っているからです。当然、家族にも処方しません。

ですが、自分では決して飲まない薬を、副作用の心配も顧みず患者にしこたま飲ませます。

自分では決して受けない検診を「早期発見」が大事だからと勧めます。

自分では決して受けない摘出手術を、いまなら成功するからと勧めるのです。

★医者はくすりを飲まない。

⇐

あなたも、いいかげん、

くすりをやめる

くすりは百害あって一利なしです。医者はくすりを出して儲けます。

患者が何も言わないのをいいことに、どんどんくすりが増えていきます。

くすりは束の間、症状を緩和します。ですが、病気を治してはくれません。

病人を健康に戻してはくれません。むしろ、長年くすりを飲み続けることで悪さを働きます。くすりには副作用が付き物です。両刃の剣です。

目先の不具合を緩和してくれるのと同時に、正常に働いている他の機能を弱めてしまいます。

その結果、高齢者が「病気のデパート」と呼ばれるように、いくつもの症状や病気を抱え込んで、それぞれを緩和するための薬まで抱え込んで、本人はどんどん不健康になって、病医院はどんどん売上を増やしていくのです。

改めて胸に手を当てて考えてみてください。高血圧、糖尿、コレステロールに骨粗鬆症。

何年も医者通いして、何種類もの薬を飲み続けて、果たしてあなたは健康を取り戻すことができましたか？　もしかしたら、症状に改善が見られないどころか、かえって不具合が出てきてしまったということがあるんじゃないですか？

★高血圧は老化の適応現象。

⇐

血圧にこだわらない

血圧に関しては、１８０ぐらい何の問題もないそうです。後期高齢者にもなって血圧をどうこうしても、寿命には影響がないことがわかっています。

医者は大体薬屋と結びついているので盛んに薬を勧めますが、少なくとも75歳を過ぎた患者に対して、血圧を「１４０まで下げましょう」などと言っているのはヤブ医者もいいとこです。

歳をとるに連れて、血管というのは、長年のよごれがこびりついて内壁が厚くなり、血液の通る部分が狭くなってきます。それをおして、酸素やブドウ糖を全身に運ぼうとして血圧が高くなるわけで、いわば適応現象なのです。

ある程度、血圧が高くなければ、酸素が頭の中に出ていかなくなり、頭がボケたようになってしまいます。にもかかわらず、加齢による適応現象や本人のからだの個性を考慮せず、一律に下げようとするのはおかしな話なのです。

★血糖値の下げすぎがボケをまねく。

⇐

血糖値にこだわらない

後期高齢者の血糖値と寿命には関係性がないということが検証されています。むしろ、血糖値を無理に下げることで認知症を誘発してしまいかねません。ひとの脳に栄養を与えるのはぶどう糖と酸素です。他のものは脳の栄養にはなりません。ですから、糖尿病の人は認知症になる確率が低いのです。

血糖値が高いぶん、脳の栄養が充分に行き渡っているからです。

若いころは血糖値が低い方が動脈硬化にもなりにくいし、がんにもなりにくい。でも、歳をとってくると、血糖値が多少高くないと頭がボケたようになってしまうのです。このことを示唆する症例報告もたくさんあります。

にもかかわらず、年寄りにも血糖値を下げるよう指示し、薬を処方する医者が後を絶ちません。

年寄りにも若い人にも同じような治療をする医者を信用するととんでもないことになります。

くりかえします。ボケたくなければ、血糖値はむしろ高いくらいの方がいいのです。

Column

★パンとケーキが女性の大腸がんをまねく

食生活の欧米化が浸透して久しいですが、肉や油などたんぱく質や脂肪分などカロリーの高い食事に偏ると、便が大腸にとどまる時間が長くなり、便に含まれる発がん性物質も長い時間とどまります。

そもそも女性は、男性に比べて筋力が弱いため、腸をうまく動かせず、便秘になりやすい。

更年期ともなると、大腸がんの防御作用があるといわれている女性ホルモンの分泌量が急激に減少するため、さらにがんが発生しやすくなるのです。

休日ともなれば、シティホテルのケーキバイキングや、表参道界隈のパンケーキ屋の店先には女性たちの行列ができ、店内では砂糖とミルクとバターてんこ盛りのケーキやペイストリーを貪り食らう女子であふれています。

がんの発症は数十年後。更年期を迎えたときに残念なことにならないよう、デザートバイキングは特別な日限定のご褒美にしてみてはいかがでしょうか。

Column

★喫煙が男性の肺がんをまねく

男性の肺がんによる死亡率が、急激に上昇しています。がんの中でも、死亡率がいちばん高いのが「肺がん」です。

罹患者数では前立腺・胃に次いで3位ながら、男性の人口10万人当たりの肺がんによる死亡者数は、10年あまりの間に約3割も増えています。

原因としては、当然、喫煙が深く関わっています。「喫煙率は年々下がっているのに、なぜ肺がんの死亡者数が急増しているのか」と訊かれることが多いのですが、答えは簡単です。

肺がんには、「肺に発がん性物質が蓄積することで発症リスクが高まる」という特性があるのです。

肺がんが発症する確率が急激に上るのは、喫煙を開始してから30～40年後といわれています。

★コレステロールの下げすぎは
認知症やうつをまねく。
⇓
コレステロールにこだわらない

コレステロールも下げ過ぎない方がいいです。

下げろというのは、往々にして心臓が専門の循環器内科の医者です。

確かに心筋梗塞とか狭心症とかの心臓の病気は、コレステロールが高いほどなりやすい。でも、がんと脳卒中に関しては、逆に高いほどなりにくく、低いほどなりやすいというデータがあるのです。

あと、コレステロールが低いと「うつ病」にもなりやすいというデータがあります。

コレステロールは、脳にセロトニンという快楽ホルモンを運んでくれます。

コレステロールを下げれば確かに心臓病にはなりにくいかもしれないけど、がんとかうつとかで暗い老後を送る可能性が高い。

実際コレステロールの高い人は、うつになっても改善が非常に早いのに、低い人はかえって悪くなっていくそうです。

ある意味、ステーキをガバガバ食べるような、そんなコレステロールの高い人の方がギラギラとしたエネルギッシュで楽しい人生を過ごせるかも知れません。

★検診には多くのリスクがある。

⇐

検診は受けない

検査や検診にはさまざまなリスクがはらんでいます。

検査前の投与薬には副作用、造影剤にはアレルギーやショック反応、内視鏡等による穿刺には血管・臓器・神経等の損傷リスクが想定されます。

あと、検査に用いる器具の消毒不備による感染症リスクも侮れません。

社会保障の財源が枯渇し、当然、病医院の経営環境は非常に厳しいです。

だから、何かあってちょっと通院すれば、医者は予防だの早期発見だの言って、ことあるごとに検査を勧めてきます。ろくに問診もしないで、とりあえず検査という医者だって少なからずいるはずです。

いまや医者にとって、人間ドックをふくめ検診業務は貴重な収入源です。

とくに日帰り診断・治療が可能な内視鏡は稼ぎ頭。そこには、検診自体による収入があるばかりでなく、検診で発見した病気を治す過程でまた儲かるという一石二鳥の構造が潜んでいます。

「検診は釣り堀」とうそぶく医者もいるとか…。

★医者は手術を受けない。

⇐

からだにメスを入れない

手術・手術・手術、放射線・放射線・放射線、抗がん剤・抗がん剤・抗がん剤…。いいかげん、恐怖の死神トリオの愚とは訣別するときです。

米国では、がん患者の80％が従来の治療ではなく、がんを呼び寄せた根本原因を改めて自然治癒力を高める代替療法を選択しています。

ヨガ、瞑想、温熱療法、食餌療法、睡眠療法、音楽療法等々。

日本では今もかわらず、がんの治療には死神トリオが基本です。日々５千個できるがん細胞を退治してくれる免疫細胞が弱まることで発症するのががんです。

まちがった生活習慣から免疫力（＝自然治癒力）が低下してがん細胞が増殖した。だからその原因を潰すことで、私たちに本来備わっている自然治癒力が復活してくる。非常にわかりやすい話だと思いませんか？

おおもとの免疫力を高めるようなライフスタイルを取り戻すことなしに、表面的にがん細胞だけを切除したところで、数年後に再発するのは目に見えていますよね。

それどころか、抗がん剤の驚異的な威力が健康な他の部分に悪さを働いて患者を苦しめるのです。もうそろそろこの理屈をわかってもいいころではないでしょうか。

★医者の言う手術成功は
患者の成功ではない。
⇐
だから、からだにメスを入れない

患者と医者の間では「手術の成功」についてのイメージがかなりズレています。仮にどうしても手術を受けなければならなくなったなら、医者に遠慮することなく、こんな質問を投げかけてみることです。

①主治医が勧める治療法がその病気の標準的な治療なのかどうか。
②他の手術法の有無。ある場合、各手術法の長所・短所。
③手術以外の方法（手術せずに薬で治す等）の有無
④主治医が勧める手術法の国内症例数と成功率　※「成功」の定義が極めて重要
⑤当該病院および執刀医の症例数と成功率
⑥手術の執刀体制（執刀医のプロフィール、麻酔医の有無、その他スタッフの氏名）
⑦手術が成功した場合の、退院後の生活イメージ
⑧術前・術後の治療計画
⑨手術自体の概要（どのような手術で、どれくらいの時間を要するのか）
⑩仮に主治医や家族が同様の状態に陥った場合、どこのだれに手術を依頼するか。
いったい何人の医者が誠実に答えてくれるでしょうか。

★70過ぎての外科手術は生活の質を下げる。

⇐

何があろうと、メスは入れない

つい最近、肝臓がんを宣告された77歳の女性の話です。転移もひどく末期との説明を受けたそうですが、本人には何の自覚症状もありません。相談に来られた時点で一切苦痛がないということなので、ちょっとじっくりと考えましょうということにしました。

そして、すぐにセカンドオピニオン、サードオピニオンです。複数の専門医に見解を聞かずして手術するなどはもってのほかですからね。

その結果、末期がんであることが確定しましたが、摘出手術を勧めた医者が２人、手術反対が３人。最終的に彼女が選択したのは、こう伝えた医者の意見でした。

「年齢的なことや広範囲への転移を考えると、まず摘出手術は絶対に避けるべきかと思う。例え手術が成功しても後々の生活がキツい筈。術後の放射線照射や抗がん剤投与は、いずれも非常につらい副作用の覚悟が必要になる。何より気分が悪くてどうしようもない場合が多い。現時点で痛みがないのであれば、そんなリスクを犯す必要もない。私のおふくろであったらそう言います」。

★外科医の切りたがり。

⇐

同一の症例がない病院で

手術を受けない

医療の世界と関わるようになって丸18年が過ぎました。当初は、本当に医療界とは摩訶不思議なところだと、つくづく感じたものでした。10数年前のことです。ある病院の外科部長と仲良くなる機会があり、そこで私は、以前から不思議に思っていたことをぶつけてみたのです。それはがんの手術について。「がんが発見されて摘出手術に成功した患者さんの多くが、結局は数年以内に再発したり転移したりして死んでいきますよねぇ。

医者は『手術は成功。目に見える限りのがんはきれいに取った。抗がん剤で再発を抑えれば問題ない』と言ってたのに…。副作用に苦しみながら治療を続けていた患者さんの家族は納得できないと思うんですよねぇ…」。こんな話をしたとき、彼は言いました。「開腹してみて目に見えるがんは全部取るだろうけど、目に見えないがんは取れないからねぇ」

まぁ、これはもっともな話なのかも知れません。だから、目には見えない転移を配慮して可能な限り広範囲を切除する慣習があるのだそうです。がんをもたらした根本の原因をあらためない限り、数年以内にがんが再発することは自然の道理なのです。

Column

★がん細胞は高温に弱い

全身入浴でがんをやっつけることができます。これを温熱療法と言います。

からだの中で活性酸素が溜まりすぎるとがんになります。でも大丈夫。低体温が大好きながん細胞は、40度を超えると衰えはじめ、42度で死滅することがわかっています。

40度から42度のお風呂に10分以上、全身の力を抜いてゆったりと浸かって、太い血管が流れている首すじと腋の下から、からだに熱を取り込みましょう。

入浴前に、炭酸水や温かいモノを飲んでおくと更に効果的です。

併せて、頭のなかで薔薇色の未来をイメージすることをお薦めします。

逆に、がん細胞が大好きなものが、烈しい運動による酸欠、ストレス過多、過食による高ブドウ糖状態。それに、煙草と紫外線です。

Column

★がんは低温が大好物

免疫力をアップするには、とにかく身体を温めることです。がんに限らず、私たちの健康維持のために、身体を温めてやることは実に有効です。がんであれば、骨転移の痛みや胸水・腹水の苦しみなど地獄のような苦痛にも、身体を温めることは有効です。

痛みがゼロにならなかったとしても、低減されることはほぼ確実です。これらの痛みに対して、西洋医学の世界では「がまんするしかない」といったことしか言えない医者が多いようです。

私は、玄米菜食と温熱療法で身体を気遣い、これからの人生に希望をもちながら、生活習慣を改善することでがんから生還した人の話をたくさん聞いてきました。

骨転移した子宮がんを半身浴で治した人、ビワの葉コンニャク罨法で胸水を取った人、肺に転移した骨肉腫をビワの葉温灸で治した人…。

私たちの健康を実現してくれるのは果たして誰なのか。常日頃からいろいろな情報を貪欲に調べることで、もし自分や大切な家族に万一のことが起きてしまったときに、取り返しのつかない道だけは選ばないようにしたいものですよね。

★医者が見るのは
データであって患者ではない。
⇐
自分の健康は自分でチェックする

私たち患者にとって良い医者とは、死ぬまでの長い期間にわたって健康や幸福に貢献してくれる医者です。そして、

「健康・幸福」とは、「然るべき範囲内で、好きに飲食し好きに活動できること」。

つまり、良い医者とは、患者がこれを実現できるよう応援してくれる医者である…

というのが私の持論です。

私たちが医者に求めるのは、私たちが健康を取り戻すために有用な指導をしてくれることなのです。病気を治してくれることではありません。

そもそも、医者には糖尿病も高血圧症も高脂血症も治せないのですから。

医者にできるのは、検査して血圧や尿酸値やコレステロール等を数値で把握して、それを薬でコントロールすること。場当たり的な対症療法でしかありません。

副作用の危険をはらんでいる強い薬の力で、症状が改善したかのように錯覚させることだけです。とにもかくにも、

『病気になるのは自己責任、健康を取り戻すのも自己責任』。

これだけはしっかりと心に刻んでおいてほしいものです。

★呼吸の乱れが不健康をまねく。

⇐

正しい呼吸法をおこなう

私たちは、生涯を通じて、吸って吐いての呼吸を繰り返しながら生きています。からだの隅々まで新鮮な酸素を送り、生命活動に必要な化学反応を引き起こし、要らなくなったものを二酸化炭素として排出する循環作用。それが呼吸です。

いまの時代は忙しすぎて、ついつい、その呼吸のありがたみを忘れてしまい、無意識のうちに、浅くせわしない呼吸があたりまえになってしまいます。

意識して、ゆっくりと深い呼吸をしてみましょう。

フレッシュな酸素が栄養とともに体内に行き渡り、ストレスやプレッシャー、からだの痛みや違和感があきらかに緩和されていく感覚がわかるはずです。

病刻みの都会生活のなか、ちょっと立ち止まって深呼吸をしてみましょう。

ゆっくりとした深い呼吸。

それは、もっとも簡単にどこでもできて、コストがかかりません。にもかかわらず、ネガティブな感情や思考を劇的に変えてしまう可能性を秘めた健康法なのです。

おわりに

過去12年間で7千件超。シニアからの相談に対応してきて実感しているのは、おカネ持ちでもそうでなくても、シニアがエンディングを迎えるまでに遭遇する老後の課題というのはみな同じだということです。

要介護、認知症、終のすみか、がん、延命治療、財産承継、葬儀、死後事務。

これを「現代版四苦八苦」と呼んでいます。

真の終活とはエンダン（エンディングまでの段取り）です。

少なくとも誰しもが通る可能性の高いこの8テーマについて、元気なうちから「自分なりの要望」と「子どもたちへの依頼事項」を決めて、紙に書いて（エイジングウィル）、その内容を子どもたちに面と向かって自分の言葉で伝えることです。

あともう一つ、「子どもたちに託し遺すもの」を明確に伝えることです。そんな機会（家族サミット）を最低でも年一回は持つことです。

なぜなら、人はひとりでは死ねないからです。

最後のさいごまで自分の人生の主役であり続けたいのであれば、元気なうちから大切な家族とエンダン話を交わしておかなければいけません。

認知症になってしまったら手遅れなのです。死んでから遺言が出てきてもダメなのです。目の黒いうちに家族で真摯に向き合ってエンダン話を積み重ねるプロセスが、子どもたちに親のエンディングを支えようという覚悟を芽生えさせるのです。

結果的に、親世代は自分の描いたエンディングを円滑に迎えられる可能性が高くなるのです。子どもがいない人は、兄弟姉妹や甥や姪と。血縁がない人は、サポートを頼みたい親しい友人と。

現時点でのエンディングへの想いを共有しておかなければなりません。

巷の終活セミナーが喧伝する、「ボケたらヤバいから、今のうちに成年後見制度を使って任意後見人をつけましょう」などという話は飛躍しすぎです。

家庭裁判所や公証役場や信託銀行や弁護士。成年後見制度や家族信託や公正証書遺言。

こういったものは、ほとんどの家族にとってはイレギュラーな世界の話です。

順番が違うのです。まずは、血を分けた親子で、家族でエンダン話をするのです。それでも、何かしらの事情があって、どうしても親子間のこころの距離が縮まない場合に限って、法律や契約の利用を検討すれば済む話です。

仮に今は心理的距離が離れてしまっていたとしても、親子の絆をバカにしてはいけません。機会があれば是非、菊池寛の『父帰る』を読んでください。

本編で紹介した70の「知恵」=「辛口提言」にご賛同いただけたみなさんには、どうか安直に法律やら契約やらに依存するのではなく、親子の絆をベースにしたハッピーエンディングストーリーを紡いでほしいと願っております。

さあ、今夜から早速、エンダン話の中身をひとつずつ書き起こしてみてください。それが古希を迎えようとするあなたにとって、納得老後のはじめの一歩です。

山崎　宏

＜著者プロフィール＞

山崎　宏（やまざき ひろし）

社会福祉士。NPO 二十四の瞳理事長。百寿グループ（一般社団法人百寿コンシェルジュ協会、株式会社百寿研）代表。1961 年、東京都出身。慶大卒後、日本 IBM、NTT 系シンクタンク、医療タイムス社、複数の病医院を経て現職。
24 時間 365 日対応の会員制電話相談サービス「お困りごとホットライン」には、過去 12 年半で 7 千件の相談が寄せられている。長生き保険「SMAP（さいごまで丸ごと安心パスポート）」、信託遺書「エイジングウィル」、終活講座「敬老義塾」が大好評。元気なうちからそなえる老後革命を推進中。
本年より、老後の想定課題すべてに対応する認定資格「百寿コンシェルジュ」を創設。全国に安心老後のパートナーを輩出していく。

社会福祉士三田会常任幹事、認知症学習療法士、医業経営コンサルタント。コンタクトは、http://100jc.life または http://100jk.jp から。

著書に、『誰も教えてくれない“老老地獄”を回避する方法』『何がめでたい！日本人の老後』（ごま書房新社）など。

何がめでたい！ 日本人の老後
古希までに知っておきたい70の知恵

著　　者　　山崎 宏
発 行 者　　池田 雅行
発 行 所　　株式会社 ごま書房新社
〒101-0031
東京都千代田区東神田 1-5-5
マルキビル 7F
TEL 03-3865-8641（代）
FAX 03-3865-8643
カバーデザイン　　（株）オセロ 大谷 治之
D T P　　ビーイング 田中 敏子
印刷・製本　　精文堂印刷株式会社

©Hiroshi Yamazaki. 2019. printed in japan

ISBN978-4-341-08732-6 C0036

ごま書房新社のホームページ
http://www.gomashobo.com

ごま書房新社の本

何がめでたい！日本人の老後

日本を危うくする《NG》《CD》知っていますか

NPO二十四の瞳　理事長 **山崎 宏**

●CONTENTS

第一章　医者には決して書けない「老後の十戒」
第二章　N（認知症・ボケ）の本当の悲劇／パート1
　　　　がんの告白／パート2
第三章　CD（チャラ医）の罪滅ぼし—NG回避の「十訓」／パート3

本体価格：1400円　四六判　232頁　ISBN978-4-341-08709-8　C0036